FELICITAS RÖMER

TYPISCH ELTERN

FELICITAS RÖMER

TYPISCH ELTERN

7 Arten Kinder zu (v)erziehen

Mit Illustrationen von
Jens Rassmus

WALTER

Bibliografische Information der Deutschen Nationalbibliothek. Die Deutsche Nationalbibliothek verzeichnet diese Publikation in der Deutschen Nationalbibliografie; detaillierte bibliografische Daten sind im Internet unter http://dnb.d-nb.de abrufbar. Bibliographisches Institut GmbH, Dudenstraße 6, 68167 Mannheim. Druck: Druckerei Theiss GmbH, Am Gewerbepark 14, 9431 St. Stefan im Lavanttal, Österreich. Umschlagmotiv: © Jens Rassmus. Umschlaggestaltung: init. Büro für Gestaltung, Bielefeld. ISBN 978-3-530-50603-7. www.walter-verlag.com

Für Nele

Inhalt

Erkenne dich selbst, und es ist egal, wie du dein Kind erziehst

Um es gleich zu sagen: Dies ist kein Erziehungsratgeber.

Zumindest keiner, der Ihnen vorschreiben will, wie Sie Ihr Kind erziehen sollen. Sie werden hier keine Rezepte zur Kindererziehung oder Patentlösungen für Familienkonflikte finden, die es ohnehin nur auf dem Papier gibt, und die im »richtigen Leben« nichts nützen. Und ich werde Ihnen auch keinen pädagogischen Kanon präsentieren, von dessen Richtigkeit ich Sie wortreich überzeugen möchte.

Es gibt nämlich verschiedene Wege, erfolgreich Kinder zu erziehen. Keiner davon ist im eigentlichen Sinne »besser« oder »schlechter« als der andere, jeder hat Vorteile und birgt gewisse Risiken und Nebenwirkungen. Um diese verschiedenen Wege wird es gehen.

Wenn Sie lieber selber denken, als sich von »Experten« etwas vorschreiben zu lassen, und Lust haben, an Ihrem ganz persönlichen Erziehungsstil zu feilen, dann halten Sie genau die passende Lektüre in der Hand. Denn sie bietet Ihnen neben einem Überblick über die derzeit virulenten Eltern-Typen auch zahlreiche Anregungen, sich über das eigene Erziehungsverhalten bewusster zu werden.

Alles kinderleicht? Den eigenen Erziehungsstil finden

Ein bisschen Liebe, ein bisschen Fürsorge und ein paar erzieherische Grundregeln: So werden wir das Kind schon schaukeln. Oder?

Ja.

Und nein.

Ja, weil es den meisten Eltern ganz leichtfällt, ihre Kinder liebevoll zu begleiten, sie täglich verantwortungsbewusst zu versorgen und ihnen die Aufmerksamkeit und Zuwendung zu geben, die sie brauchen. Eltern sind die Experten für ihr Kind. Sie kennen es am besten und wissen (fast) immer, was es braucht.

Und nein, weil es eben manchmal doch komplizierter ist. Weil Liebe allein manchmal nicht reicht. Oder sogar den Blick auf das Wesentliche verstellt. Weil es scheinbar unlösbare Dauerkonflikte in der Familie gibt. Weil wir uns manchmal selbst im Weg stehen. Und vor allem, weil unser Unbewusstes in der Erziehung der Kinder eine viel größere Rolle spielt, als wir wahrhaben wollen. Und weil wir einfach manchmal nicht wissen, ob unsere Art der Erziehung nun »richtig« oder »falsch« ist.

Aber Erziehung ist ja nicht erst seit heute ein »Experiment mit ungewissem Ausgang« (Wilhelm Rotthaus). Schwierigkeiten mit Kindern hatten schließlich alle Generationen vor uns auch. So soll schon Sokrates um 400 v.Chr. gesagt haben: »Die Kinder von heute sind Tyrannen. Sie widersprechen ihren Eltern, kleckern mit dem Essen und ärgern ihre Lehrer.« Und auch für die Jugendlichen fand er keine freundlichen Worte: »Sie haben keine Manieren und missachten jegliche Autorität, Moral und Gesellschaft nehmen sie für sich allein in Anspruch, geben ihren Eltern nichts als Widerworte und tyrannisieren zu allem Überfluss die Pädagogen.« Tröstlich irgendwie. Doch was Erziehung heute besonders kompliziert zu machen scheint, ist das Fehlen verbindlicher Richtlinien und allgemeingültiger Konzepte. Je weniger eindeutige Normen unser Erziehungsverhalten bestimmen, desto mehr sind wir selbst als entscheidende Instanz gefragt.

Eltern sind im Zeitalter der Wertevielfalt einerseits zurückgeworfen auf sich selbst, auf ihre eigenen Wünsche und Ideale. Andererseits werden sie bombardiert mit Ansprüchen der Gesellschaft, der Kitas und der Schulen. Psychologen, Kinderpsychiater und Pädagogen rufen je nach Gesinnung nach mehr Disziplin oder mehr Verständnis für die Kinder, nach mehr Grenzen oder mehr Einfühlungsvermögen, mehr Autorität oder mehr Gelassenheit. Da kann man schon mal durcheinanderkommen.

Umso mehr sind Eltern gefordert, eigene Erziehungsziele zu formulieren und die dazu passenden Methoden zu finden. Wir müssen uns auf uns selbst besinnen: Was ist mir wichtig, was will ich meinen Kindern mit auf den Weg geben? Worauf lege ich besonderen Wert? Gute Umgangsformen, Leistungsfähigkeit, Durchsetzungsvermögen, soziale Kompetenzen? Oder alles gleichermaßen?

Es gibt in den meisten erzieherischen Entscheidungen ohnehin kein »richtig« oder »falsch«, aber es gibt so etwas wie »Das passt zu uns«, »Das ist stimmig für uns«, »Das tut uns und unserem Kind gut« und »Das entspricht meinen Wertvorstellungen«.

Mit Kindern zu leben heißt auch, sich mit den eigenen Wünschen, Erwartungen, Hoffnungen, Vorstellungen und Ängsten auseinanderzusetzen. Und der Weg zum ganz persönlichen und passenden Erziehungsstil führt immer über die kritische Auseinandersetzung mit dem eigenen Wertesystem.

Bei dieser konstruktiven Auseinandersetzung möchte dieses Buch behilflich sein. Welcher Elterntyp bin ich? Welche Haltung steckt hinter meinem Erziehungsverhalten? Warum reagiere ich manchmal so merkwürdig? Wo sind meine besonderen Stärken im Umgang mit meinen Kindern? Worauf könnte ich noch besser achten?

Das sind Fragen, die Sie sich während der Lektüre

selbst beantworten können. Fragen, die Ihnen vielleicht vorher noch niemand gestellt hat. Und Fragen, deren Antworten Sie vielleicht manchmal überraschen und auf neue Gedanken bringen werden.

Sieben Erziehungsmodelle unter der Lupe – Wozu?
In den folgenden Kapiteln beschreibe ich sieben weitverbreitete Erziehungsmodelle: Die Chef-Methode, den Kuschel-Faktor, das Animations-Prinzip, den Selbsterfahrungs-Weg, den Bullerbü-Stil, die Schlauberger-Strategie und die Coaching-Formel. Die vorgenommene Typisierung erfolgte dabei nicht nach streng wissenschaftlichen Erkenntnissen. Sie ist vielmehr das Ergebnis meiner langjährigen Beschäftigung mit dem Thema »Familie und Erziehung« – als Mutter, als Journalistin und als systemische Familienberaterin. Ich hörte mich um, welche Erziehungsideale derzeit unter Pädagogen, Psychologen und Eltern kursieren und mithilfe welcher Strategien sie diese erreichen wollen. Für meine Recherche waren deshalb Diskussionsbeiträge von Eltern in Internetforen, Gespräche über Erziehungsvorstellungen, Beratungssequenzen sowie die Beobachtung von Müttern und Vätern auf dem Spielplatz mindestens ebenso interessant wie Fachaufsätze von Erziehungswissenschaftlern und populäre Sachbücher namhafter Jugendpsychiater.

Allzu oft leisten Eltern täglich gute Erziehungsarbeit, ohne sich darüber selbst im Klaren zu sein oder gar von irgendjemandem gebührend Anerkennung dafür zu ernten. Kindererziehung läuft eher nebenher und wird meistens erst dann thematisiert, wenn der Haussegen schon mächtig schief hängt, die Kinder irgendwie »auffällig« werden oder der tägliche Krach nicht mehr auszuhalten ist.

Doch auch in schwierigeren Lebensphasen legen Eltern oft ein erstaunlich gutes Krisenmanagement an den Tag. Deshalb war es mir besonders wichtig darzustellen, über welche Ressourcen und Qualitäten die unterschiedlichen Eltern-Typen verfügen: Wie schaffen sie es Tag für Tag, den Kindern ihre Werte zu vermitteln? Was leben sie vor? Wie lösen sie anstehende Probleme?

Schließlich ging ich der Frage nach, wieso sich Eltern in sehr ähnlichen Konfliktsituationen mit Kindern so unterschiedlich verhalten. Sicher hängen unsere spontanen Reaktionen von unserer jeweiligen seelischen Verfassung, unserer Tagesform und dem aktuell gefühlten Stressfaktor ab. Natürlich auch von Temperament, Charakter und Mentalität. Doch nicht ausschließlich. Denn hinter bestimmten erzieherischen Handlungsmustern versteckt sich eine Grundhaltung, die man seinem Kind gegenüber eingenommen hat. Diese wiederum basiert auf dem Selbstverständnis, dem persönlichen Wertesystem, eigenen (Kindheits-)Erfahrungen und auf der Beziehung zum jeweiligen Kind. Sich diese Haltung gelegentlich anzuschauen, ist für Eltern hilfreich und nützlich, wenn sie sich mit ihrem Erziehungsverhalten auseinandersetzen und den zu ihnen passenden Erziehungsstil finden wollen.

Die Ergebnisse meiner Beobachtungen habe ich schließlich zusammengefasst und kategorisiert. Entstanden ist eine kleine Eltern-Typologie, die selbstverständlich subjektiv gefärbt ist und keinerlei Anspruch auf Vollständigkeit erhebt. Sie umreißt lediglich gängige Erziehungspraktiken, die auf jeweils unterschiedlichen Werten und Haltungen basieren. Sicher kommt Ihnen das ein oder andere Detail etwas pointiert oder gar übertrieben vor, wie es bei allen Typologien der Fall ist.

So wird sich im gesamten Kosmos sicher kein Chef-Papa und auch keine Kuschel-Mama in absoluter Reinkultur finden. Wundern Sie sich also bitte nicht, wenn Sie herausfinden, dass Sie ein waschechter »Mischtyp« sind. Denn die beschriebenen Eltern-Typen sind ja lediglich Prototypen, Idealbilder, Denkmodelle.

Und wozu die – zugegebenermaßen überzeichnete – Typisierung? Ganz einfach: Oft kann man die eigenen Verhaltensmuster besser erkennen, wenn man sie quasi unter ein Mikroskop legt und um ein Hundertfaches vergrößert. Insofern ist die Typisierung nur ein Instrumentarium zur Verdeutlichung: Sie soll dabei behilflich sein, bisher Übersehenes sichtbar zu machen und unbewusste Details ins Bewusstsein zu holen.

Es sei hier noch einmal betont, dass die vorgenommene Schematisierung lediglich der Orientierung dienen soll, nicht aber der festschreibenden oder gar wertenden Kategorisierung. Es geht also nicht darum, Eltern bzw. deren Erziehungsverhalten fein säuberlich und einigermaßen zweckfrei in Schubladen zu stecken, ihnen einen Stempel aufzudrücken oder sie gar im Sinne einer Güteklasseverordnung zu bewerten. Vielmehr möchte ich erzieherische Handlungsvariablen darstellen, die jeder für sich akzeptieren oder ablehnen kann.

Es gibt keinen perfekten Erziehungsstil, der für alle gleichermaßen gut geeignet wäre. Und wenn etwas von Vorteil ist an der leicht diffus wirkenden Wertevielfalt unserer Zeit, dann doch die Möglichkeit, aus einer Palette von Handlungsvarianten diejenige heraussuchen zu können, die zu mir und meiner Familie am besten passt. Damit das gelingt, sind Eltern allerdings gefordert, gelegentlich zu reflektieren: Wie verhalte ich mich in Konfliktsituationen? Wie nehmen meine Kinder mich wahr? In welchen Situationen fühle ich mich überfordert?

Wer über solche Zusammenhänge ein bisschen Bescheid weiß, ist als Mutter oder Vater klar im Vorteil. Denn dann gewinnt man mehr Souveränität, Gelassenheit und ermöglicht sich und den anderen Familienmitgliedern völlig neue, oft ungeahnte Handlungsspielräume.

Selbsterkenntnis und Zweckentfremdung – und ein kleiner Warnhinweis

Auch wenn das Buch in erster Linie das Ziel der persönlichen Standortbestimmung in Sachen Erziehung verfolgt, so können Sie es trotzdem jederzeit zweckentfremden. Sie könnten sich beispielsweise fragen: Was ist meine Nachbarin, dieser schräge Vogel, eigentlich für ein Eltern-Typ? Dieser eloquente Dauerredner neulich auf dem Elternabend – könnte das vielleicht ein Schlauberger-Vater sein? War meine Mutter nicht schon immer so eine Kuschel-Mama, die es uns immer nett gemacht hat? Und hat mein Mann nicht so einen klitzekleinen Schlag ins Chef-Typ-hafte?

Wenn Sie mit Ihrer Mutter, Ihrem Partner oder anderen Eltern über Ihre Beobachtungen ins Gespräch kommen – prima! Doch an dieser Stelle muss ich Sie leider warnen: Es kann sehr bereichernd sein, mit anderen über seine Überlegungen und Erkenntnisse zu sprechen. Doch rechnen Sie bitte auch damit, dass andere sich womöglich von Ihnen falsch eingeschätzt fühlen. Und dann gekränkt sind. Fremdbild und Selbstbild passen manchmal nicht so ganz zusammen.

Genauso könnte es Ihnen auch ergehen. Es kann sich gut anfühlen, wenn eine Freundin Sie in Erziehungsfragen für viel kompetenter hält als Sie sich selbst. Aber ebenso könnte es unangenehm bis kränkend sein, wenn die Einschätzung Ihrer Freundin so gar nicht zu Ihrem

Idealbild von sich selbst passt. Nicht nur Fremd- und Selbstwahrnehmung klaffen gelegentlich gehörig auseinander, sondern auch Selbstwahrnehmung und Selbst-Ideal. Hat eine Mutter zum Beispiel an sich die Erwartung, liebevoll und geduldig mit ihrem Kind umzugehen, merkt aber selbst, dass sie häufig schnell genervt reagiert, kann diese Erkenntnis sehr schmerzlich sein. Noch schlimmer, wenn ihr das eine entfernte Bekannte aus einer unüberlegten Laune heraus auch noch aufs Butterbrot schmiert.

Sollten Sie sich mithilfe dieses Buches also über Ihren Erziehungsstil austauschen wollen, tun Sie das bitte mit Menschen Ihres Vertrauens. Über das eigene Erziehungsverhalten zu diskutieren, kann nämlich heikel werden. Was daran liegt, dass die Erziehung unserer Kinder ein extrem emotional besetztes Thema ist und unterschiedliche Ansichten manchmal heftig aufeinanderprallen.

Von hinten nach vorn oder doch lieber quer?
Wie Sie dieses Buch nutzen können

Erfahrungsgemäß sind Eltern abends müde und erschöpft, und für ein ganzes Kapitel reicht einfach der Akku nicht mehr. Das macht nichts, denn dieses Büchlein liegt gerne auf Ihrem Nachttisch: Es ist geduldig und flexibel einsetzbar. Sie können es rückwärts, quer, chronologisch oder abschnittsweise lesen – je nach Energiemodus und Interessenlage. So sind die Kapitel über die Eltern-Typen zwar lose inhaltlich miteinander verbunden, bauen aber nicht aufeinander auf. Sie könnten also beispielsweise erst in Kapitel 4, dann in Kapitel 6 und anschließend in Kapitel 1 schmökern, ohne Verständnisschwierigkeiten zu haben.

Die Kapitel selbst sind jeweils gleich gegliedert: Zu

Beginn finden Sie einen kleinen *Schnelltest zum Erziehungsstil*. Er vermittelt einen ersten Eindruck davon, wie stark Ihr Erziehungsverhalten vom bestimmenden Faktor des jeweiligen Eltern-Typs geprägt ist. Lesen Sie sich zuerst die unter der Grafik stehenden Fragen durch und tragen Sie dann Ihre Antwort (»ganz klar ja« – »ja« – »vielleicht« – »nein« – »ganz klar nein«) mittels Kreuzchen in das Koordinatensystem ein. Tun Sie dies möglichst spontan, ohne lange nachzudenken. Sie können dann ablesen, wie hoch der jeweilige Erziehungsfaktor bei Ihnen ist. Das Ergebnis kann übrigens sehr überraschend sein, wie ich selbst bei einem kleinen Probedurchlauf feststellen konnte.

Im ersten Textteil geht es dann um die Werte, Ziele und Einstellungen der jeweils beschriebenen Eltern-Typen: Wie lautet ihr *Erziehungs-Credo*? Welche Wege gehen diese Eltern, um ihre Ziele zu erreichen? Wo setzen sie Prioritäten? Hierbei geht es insbesondere um die Stärken und Fähigkeiten des jeweiligen Eltern-Typs. Dieser Abschnitt endet mit einer kurzen Zusammenfassung der wichtigsten Ergebnisse im Überblick.

Einen ausführlicheren *Konstitutions-Check* finden Sie in der Mitte des jeweiligen Kapitels. Hier können Sie anhand eines Beispiels aus dem ganz normalen Familienalltag testen, inwieweit Sie dem vorgestellten Eltern-Typ entsprechen.

Last but not least beschäftigt sich ein letzter Textabschnitt mit den klassischen *Fallen*, die der jeweilige Erziehungsstil tückischerweise bereithält. Hier können Sie herausfinden, ob Sie in die eine oder andere Falle bereits einmal gestolpert sind. Und wenn ja, woran das möglicherweise liegen könnte. Und natürlich, wie Sie wieder herausfinden ...

Sollten Sie gerade mal einfach überhaupt keine Lust

auf tiefschürfende Selbsterkenntnisse haben, ignorieren Sie die selbstreflexiven Fragen einfach. Oder überfliegen Sie sie nur und verschieben das Nachdenken auf später. Man hat schließlich nicht immer Lust, in seiner Seele zu kramen! Oder legen Sie das Büchlein einfach wieder auf den Nachttisch zurück.

In diesem Sinne wünsche ich Ihnen viel Spaß beim Lesen und vielleicht die ein oder andere hilfreiche (Selbst-)Erkenntnis.

Der Schnelltest zum Erziehungsstil: Bestimmen Sie Ihren Chef-Faktor

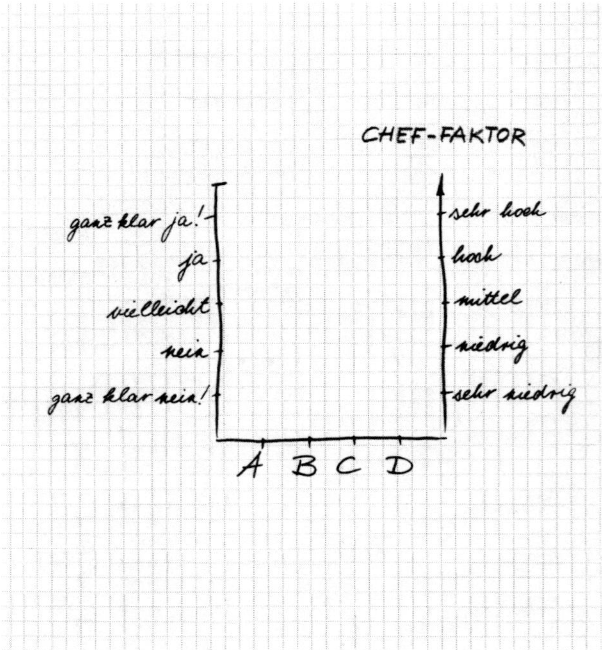

A: Ein gutes Maß an liebevoller Autorität ist in der Erziehung unentbehrlich.

B: Es fällt mir leicht, Familienregeln aufzustellen und dafür zu sorgen, dass sie eingehalten werden.

C: Ich kann gut Verantwortung übernehmen.

D: Es fällt mir leicht, innerhalb der Familie Aufgaben zu delegieren.

Die Chef-Methode: »Ich zeig' dir, wo's langgeht!«

Das Erziehungs-Credo der Chef-Eltern: Führen auf Vertrauensbasis

Eltern mit einem hohen Chef-Faktor nehmen ihre erzieherische Verantwortung gerne wahr. Sonnenklar, dass sie in der Familie den Ton angeben und den Kindern den Weg ins Leben weisen. Sie sind der unerschütterlichen Überzeugung, dass die Sprösslinge nichts dringender benötigen als Orientierung, klare Strukturen und mitunter auch die ein oder andere deutliche Handlungsanweisung. Und das stimmt ja auch: Ein gutes Maß an sinnvollen elterlichen Vorgaben vermittelt Kindern das Gefühl, geborgen und geschützt zu sein. »Herumgeeiert« wird in solchen Familien eher selten, denn Chef-Eltern haben eine dezidierte Haltung dazu, was »gut« und »richtig«, was »schlecht« und »falsch« ist. So neigen sie dazu, ein ausgeklügeltes, aber nachvollziehbares Regelsystem aufzustellen, an das sich die Familienmitglieder zu halten haben. Sie können deutlich formulieren, wie sie sich das Leben vorstellen und was sie sich wünschen. Sie sind auch in der Lage, Nein zu sagen, und haben für gewöhnlich keine Skrupel, gelegentlich auch mal ein Machtwort zu sprechen.

PROTEST ERLAUBT, ABER ZWECKLOS.

Durch ihre klare innere Haltung »Wir sind hier die freundlichen Bestimmer« geben Chef-Eltern ihren Töchtern und Söhnen nicht nur einen stabilen äußeren Rahmen, sondern auch emotionalen Halt. Denn die Kinder wissen meistens ziemlich genau, woran sie sind und was von ihnen erwartet wird. Das vermittelt ihnen eine große Portion Sicherheit.

Im Umgang mit ihren Kindern möglichst konsequent zu sein, halten Chef-Eltern für notwendig. Wie selbstverständlich treffen sie täglich Entscheidungen für ihr Kind, da dieses wegen seiner mangelnden Lebenserfahrung dazu noch nicht in der Lage ist. Und sie nehmen es häufig gelassen zur Kenntnis, dass die Kleinen nicht immer begeistert von diesen gut gemeinten Entscheidungen sind. Geschrei beim abendlichen Zähneputzen? Gezeter, wenn die Pudelmütze aufgesetzt werden soll? Lautstarker Protest, wenn der Fernseher ausgeschaltet werden muss? Das schockt Eltern mit einem hohen Chef-Faktor nicht. Oft verstehen sie den Widerstand sogar. Sie sind aber bereit, die heftigen Reaktionen auszuhalten und ihr pädagogisches Programm durchzuziehen. In stundenlange Diskussionen lassen sie sich erst gar nicht verstricken, puristische Chef-Eltern umzustimmen ist auch für die pfiffigsten Kinder schwierig bis unmöglich. Doch gelegentlich sind auch sie überzeugenden Argumenten zugänglich und bereit, mal ein Auge zuzudrücken. Allerdings bestimmen sie, welche Vereinbarungen verhandelbar sind und welche nicht...

Auch wenn den Kindern so manches Verbot natürlich gehörig auf die Nerven geht: Klare Vorgaben sind für sie wichtig. Eltern, die wissen, wie etwas zu sein hat und den Kindern das auch deutlich vermitteln, schützen die Kleinen davor, zu früh Verantwortung zu übernehmen. Und wenn die Großen wissen, wo es langgeht, wissen es die Kleinen schließlich auch.

Chef-Eltern sind der Ansicht, dass kleine Kinder nur nach Lust und Laune leben. Die Kleinen spüren zwar, wozu sie just in diesem Moment Lust haben oder was sie machen wollen. Sie können aber keineswegs abschätzen, was gut oder schädlich für sie ist. Sie haben auch keinen Schimmer davon, welche unangenehmen zahnärztlichen Prozeduren sie über sich ergehen lassen müssen, wenn sich die Karies ungehindert ausbreitet. Sie sehen auch keinen Zusammenhang zwischen einem grippalen Infekt und der Tatsache, dass sie im Sommerkleid im Schnee herumgetollt sind.

Logische Schlussfolgerung der Chef-Eltern: Der Fernseher wird nach entsprechender Ansage ausgestellt. Jonas hat regelmäßig die Zähne zu putzen, und Leonie muss die ungeliebte Kopfbedeckung mit Bommel tragen, sobald die Wetterlage das erfordert. Basta!

Auch Vorwürfe wie »Kevin darf das aber auch gucken!« oder »Sarah hat nie eine Mütze auf« beeindrucken Chef-Eltern wenig, sie stehen zu ihrer Entscheidung: »Bei uns ist das aber anders als bei Kevin und Sarah« lautet dann die knappe Erwiderung. Diskussion beendet! Protest erlaubt, aber zwecklos. In wichtigen Angelegenheiten, etwa wenn es um den Schutz und die Gesundheit des Kindes oder um andere ihnen besonders wichtige Werte geht, sind Chef-Eltern geradezu bewundernswert durchsetzungsfähig.

Manchmal können Chef-Eltern eben ziemlich geradlinig sein. Was aber natürlich nicht heißt, dass sie zwangsläufig stur, verständnislos oder kleinkariert sind. Im Gegenteil: Gute Chef-Eltern sind sogar oft großherzig und gutmütig, was in ihren Augen etwas ganz anderes ist als grenzenlos nachgiebig.

VORBILDLICH VERANTWORTUNGSBEWUSST

Die meisten Eltern mit einem hohen Chef-Faktor halten viel von Tugenden wie Pflichtbewusstsein und Leistungsbereitschaft. Auch Disziplin und Durchhaltevermögen sind für viele Chef-Eltern keine verstaubten Werte, sondern Eigenschaften, die der Heranwachsende heute mehr denn je benötigt. Schließlich weht in der

Welt da draußen ein rauer Wind, und der Mensch muss sich in der Arbeitswelt irgendwann einmal behaupten. Also versuchen Chef-Eltern ihren Kindern beizubringen, nicht bei jeder Schwierigkeit gleich den Kopf in den Sand zu stecken, sondern Aufgaben auch dann zu Ende zu bringen, wenn's nicht auf Anhieb so recht klappen will.

Weil sie so selbstverständlich überzeugt von ihrer familiären Leitungsfunktion sind, können Chef-Eltern mitunter auch wunderbar delegieren. Vor allem Chef-Papas bringen Söhne problemlos dazu, das Auto zu saugen oder Töchter dazu, das Bad zu putzen – oder umgekehrt. Schließlich sind kompetente Chef-Eltern weder zwangsläufig konservativ noch spießig. Sie sind nur für klare Aufgabenverteilung und halten Verantwortungsbewusstsein für eine nützliche und angenehme Charaktereigenschaft – sowohl bei sich selbst als auch bei ihren Kindern.

Chef-Eltern haben auch kein Problem mit der Vorstellung, dass sie eine wichtige Vorbildfunktion haben. Richtig gute Chef-Eltern wissen aber auch, dass Erziehen durch Vorleben nur dann funktioniert, wenn sie authentisch auftreten. Also wenn die innere Überzeugung mit dem übereinstimmt, was man den Kindern erzählt und vorlebt. Denn nichts ist unglaubwürdiger als ein Vater mit Kippe in der Hand, der seinem halbwüchsigen Sohn das Rauchen verbietet. Oder eine auf jugendlich getrimmte, durchgestylte Mutter im jeweils neuesten Edellook, die ihrer Teenie-Tochter erzählt, dass innere Werte wichtiger seien als Markenklamotten.

Deshalb überprüfen selbstkritische Chef-Eltern immer mal wieder, was sie so täglich predigen und einfordern: Stimmt es mit dem, was ich vorlebe, überhaupt überein? Das Risiko, unglaubwürdig zu werden, gehen sie lieber nicht ein, denn das könnte zwangsläufig auch einen Vertrauensverlust nach sich ziehen.

ZUM WOHL DES KINDES, ABER NICHT AUF KUSCHELKURS

Viele Chef-Eltern beobachten andere Mütter und Väter kritisch. Eine extrem an den kindlichen Bedürfnissen orientierte Erziehungshaltung halten sie gerne auch mal für Kuschel- oder Spaßpädagogik, für infantile Anbiederung oder schlichtweg für Larifari. Das heißt nicht, dass Chef-Eltern keinen Spaß mit ihren Kindern hätten, aber ein gewisses Maß an Strenge halten sie für unentbehrlich. Auch erwarten sie, dass Sohn und Tochter ihnen mit einer gehörigen Portion Respekt begegnen. Kinder, die ihnen auf dem Kopf herumtanzen? Das kommt überhaupt nicht in Frage! Nichts wäre für sie ein deutlicheres Zeichen des Versagens, als wenn die Kinder ihre Forderungen nicht ernst nähmen. Eltern anderen Schlages, die ständig mit ihren Kindern diskutieren, ihnen sehr viel »durchgehen lassen« und maßloses Verständnis für noch so ungebührliches Verhalten aufbringen, gehen überzeugten Chef-Eltern auf die Nerven. Solchem »Laisser-faire«-Gebaren begegnen sie mit herzhafter Verachtung.

Sie halten dagegen durchaus etwas von dem Begriff der Autorität. Oder vielmehr der Haltung, die sich hinter diesem Begriff verbirgt. In den letzten Jahren wurde ständig darüber debattiert, ob Autorität in der Erziehung hilfreich, notwendig oder nur eine kinderfeindliche Methode der Unterdrückung sei. Bis heute sind sich weder Erziehungswissenschaftler noch Psychologen darüber einig. Allerdings zeichnet sich eine deutliche Trendwende ab: Immer mehr Pädagogen und Jugendpsychiater lassen sich derzeit öffentlich darüber aus,

Aufgepasst!
Da lang!

wie zu lasche und inkonsequente Eltern regelrecht kleine »Tyrannen« heranzögen. Ihre Forderung: Die Eltern müssten das Ruder wieder an sich reißen, das sie jahrzehntelang den Kindern überlassen hätten. Eine neue Art der Autorität in der Erziehung muss her. »Grenzen-Setzen« heißt es überall, »Vorbild sein«, »Verantwortung übernehmen«. Viele Chef-Eltern fühlen sich dadurch bestätigt und bestärkt.

NATÜRLICHE AUTORITÄT = AUSDRUCK VON LIEBE

Fähige Chef-Eltern sind durchaus Autoritäten, auch wenn sich manche von ihnen gar nicht als solche bezeichnen würden. Denn sie sind alles andere als »autoritär« im negativen Sinne, als die sogenannte »autoritäre Erziehung« noch darauf abzielte, Kindern den Willen zu brechen. Bis in die späten 1950er Jahre war man hierzulande durchaus bereit, den Nachwuchs mithilfe des Rohrstocks zu disziplinieren, um ihn dem eigenen Willen unterzuordnen und klein zu halten.

Das finden mittlerweile alle Eltern ungerecht und kinderfeindlich, auch für Chef-Eltern sind Züchtigungsmaßnahmen als Erziehungsmethode undenkbar. Gute Chef-Eltern zeichnen sich durch ihre »natürliche«, »positive«, ja liebevolle Autorität aus, die alles andere als der kindlichen Seele schaden will.

Autorität und Liebe sind in der Erziehungsvorstellung von Chef-Eltern keine Gegensätze, im Gegenteil: Ihre »gute« oder »natürliche« Autorität ist vielmehr Ausdruck ihrer mütterlichen und väterlichen Liebe und Fürsorglichkeit. Deshalb brauchen kompetente Chef-Eltern auch gar nicht in Feldwebel-Manier aufzutreten. Man erkennt erfolgreiche Chef-Eltern nicht etwa daran, dass sie lautstark herumkommandieren. Man erkennt sie vielmehr daran, dass die Kinder ihren Bitten und

Forderungen in der Regel Folge leisten, ohne dabei ängstlich, unterwürfig oder widerwillig zu sein: Sie fühlen sich schließlich aufgehoben und vertrauen den Führungsqualitäten ihrer Eltern. Ihre Erfahrung sagt ihnen: Meine Eltern entscheiden zu meinem Wohl. Warum sollten sie sich also widersetzen?

Gute Chef-Eltern grenzen sich im positiven Sinne von ihren Kindern ab. Das heißt, dass sie sich nicht so schnell irritieren lassen, wenn die Kleinen anderes im Sinn haben. Sie erleben sich selbst als die bestimmende Instanz und bemühen sich, sich nicht in Machtspiele verwickeln zu lassen. Sie haben schließlich die Fäden in der Hand.

Begabte Chef-Eltern wissen zwar um ihre machtvolle Position, brauchen diese Macht aber ihren Kindern gegenüber nicht auszuspielen. Sie strahlen deshalb auch oft eine gelassene Souveränität aus, auch wenn ihnen das selbst nicht unbedingt bewusst ist. Viele Chef-Eltern halten sich selbst für streng, meinen aber eigentlich damit, dass sie im Vergleich zu anderen Eltern nicht sonderlich manipulierbar sind.

VORÜBERGEHENDE ENTTHRONUNG

Wie wir gesehen haben, sind gute Chef-Eltern zwar eindeutig die Bestimmer, aber im besten Sinne zum Schutz und Wohlergehen des Kindes. Sie sind verbindliche und präsente Ansprechpartner, auf die sich die Kinder verlassen, an denen sie sich aber auch reiben können. Wichtig wird Letzteres besonders in der Pubertät. Auch wenn das für Chef-Eltern zunächst einmal schlecht zu ertragen ist, weil es ihre Macht in Frage stellt: Die Klarheit der Chef-Eltern macht es den Jugendlichen leicht, sich von den Vorstellungen der Eltern zu emanzipieren. Chef-Eltern durchleben in dieser turbulenten Phase, in der ihre Kompetenz erstmals ernsthaft in Frage gestellt wird, oft harte Zeiten. Pubertierende *müssen* ja schließlich gegen die Werte der Chef-Eltern rebellieren, es bleibt ihnen entwicklungsbedingt gar nichts anderes übrig. Einige der elterlichen Werte werden sie gewiss auch über Bord werfen. Kompetente Chef-Eltern aber halten diese Rebellion aus, selbst wenn sie dadurch vorübergehend »entthront« und ihrer sicheren Position beraubt werden: Sie erlauben den Kindern zu pubertieren, sich abzugrenzen und ihren eigenen Weg zu finden. Auch wenn das für alle Beteiligten eine irritierende und wilde Zeit sein mag: Teenager, die sich an den Eltern reiben, sich mit ihnen streiten und sich deutlich von ihnen abgrenzen dürfen, werden auf höchst gesunde Art selbstständig und erwachsen.

Was Chef-Eltern besonders wichtig ist

→ natürliche Autorität als Ausdruck von Liebe
→ hohes Maß an Verantwortungsbewusstsein
→ durchschaubares Werte- und Regelsystem
→ klare innere Haltung
→ klare Forderungen
→ feste Strukturen im Tagesablauf

Kleiner Konstitutions-Check: Der Lolli-Test – Sind Sie eine gute Chef-Mama?

Anhand des folgenden Klassikers aus dem ganz normalen Familienalltag können Sie testen, ob Sie eine handfeste Chef-Mutter oder ein patenter Chef-Vater sind:

Stellen Sie sich vor, Sie stehen mit Ihrem dreijährigen Kind im Supermarkt an der Kasse. »Mama, ich will einen Lolli!«, ruft es plötzlich laut, als Sie gerade anfangen, die Sachen aufs Band zu legen. Ein Blick in den Einkaufswagen zeigt, dass Sie bereits gemeinsam Kekse ausgesucht haben. Sie möchten keine weiteren Süßigkeiten kaufen und sagen in freundlichem, aber bestimmten Tonfall: »Nein, mein Schatz, jetzt kaufe ich dir keinen Lolli mehr. Wir haben doch schon Kekse. Das reicht.«

Ihr Kind beginnt daraufhin lauthals zu protestieren: »Ich will aber, ich will aber, ich will aber!«, und stampft auf den Boden. Zu allem Überfluss spüren Sie die missbilligenden Blicke der anderen Kunden im Nacken, die hinter Ihnen in der Schlange stehen.

Wie reagieren Sie?

ERSTE REAKTIONSMÖGLICHKEIT: NACHGEBEN, LOLLI KAUFEN

»Na gut!« – Sie stöhnen innerlich, geben aber nach und kaufen Ihrem Kind den heiß ersehnten Lutscher. Das lacht glücklich. Oder etwa triumphierend? Egal, der Stress ist jedenfalls vorbei, der Adrenalinspiegel sinkt und Sie können den Laden verlassen, ohne weiteres Aufsehen zu erregen.

Mal ganz unter uns: Das haben wohl alle Mütter schon einmal so gemacht. Na und? Auch wenn die meisten Pädagogik-Profis diese Reaktion fragwürdig finden: Kein Grund, sich zu schämen! Interessant ist doch eigentlich nur, warum Sie manchmal so reagieren.

- Ist Ihnen die Situation peinlich? Fürchten Sie, dass andere Sie für eine zu strenge Mutter halten, wenn Sie bei einem Nein bleiben? Könnte es sein, dass Ihnen sehr wichtig ist, was andere von Ihnen denken (könnten)?
- Befürchten Sie, dass Ihr Kind mit Ihnen böse wird, wenn Sie an Ihrem Standpunkt festhalten? Haben Sie Angst, von ihm abgelehnt zu werden?

- Können Sie Lautstärke und Intensität des kindlichen Protestes schlecht ertragen? Sind Sie vielleicht eine Kuschel-Mama, der Harmonie und Ruhe sehr viel bedeuten?

ZWEITE REAKTIONSMÖGLICHKEIT: LOLLI NICHT KAUFEN, UNGEHALTEN WERDEN

»Es gibt keinen Lolli. Basta! Hör endlich auf zu plärren!« – Sie werden wütend und verbieten Ihrem Trotzkopf, seinen Gefühlen lautstark Ausdruck zu verleihen.

Selbst wenn wir wissen, dass dies keine pädagogisch wertvolle Reaktion ist: Sie ist durchaus menschlich! Also nehmen Sie sich auch eine solche Verhaltensweise nicht nachhaltig krumm.

- Machen Sie sich in Vorbereitung auf eine ähnliche Situation klar, dass das Kind nur enttäuscht ist, weil es keinen Lolli bekommt. Es weint nicht, weil Sie eine kaltherzige oder schlechte Mutter sind. Und erst recht nicht, weil es Sie nicht mag.
- Seien Sie beruhigt: Wenn sich Ihr Kind auch ungehemmt wütend zeigt, ist das ein Zeichen seines Vertrauens zu Ihnen. Denn nur in emotional bedeutsamen Beziehungen können wir unsere Gefühle zeigen, ohne einen Kontaktabbruch fürchten zu müssen. Ihr Kind darf wütend sein!
- Sind Sie vielleicht derzeit einfach überarbeitet, müde oder gestresst? Dann ist eine solche Reaktion zwar nicht schön, aber verständlich. Ganz egal, welcher Typ Mama oder Papa Sie sind: Jetzt ist ein bisschen Erholung angesagt!

DRITTE REAKTIONSMÖGLICHKEIT: LOLLI NICHT KAUFEN, TROST SPENDEN

»Schau mal, nachher gehen wir noch zum Schwimmen und danach essen wir die leckeren Kekse, die wir gekauft haben. Guck mal, da ist sogar Schokolade drin!« Sie versuchen Ihr Kind zu trösten und abzulenken. Den Lolli bekommt es aber nicht. Sie geben nicht nach, obwohl es Ihnen schwerfällt, den Protest Ihres Kindes auszuhalten.

➢ Sind Sie eine Chef-Mutter, die meint, sich für Ihre Entscheidungen rechtfertigen zu müssen? Warum eigentlich?

VIERTE REAKTIONSMÖGLICHKEIT: LOLLI NICHT KAUFEN, RUHE BEWAHREN

Sie bleiben einigermaßen ruhig und klar: »Ich weiß, dass du das doof findest und wütend bist, aber ich möchte trotzdem keinen Lolli kaufen.« Sie nehmen das Kind freundlich, aber bestimmt an die Hand und gehen weiter.

Hut ab! Sie sind klar in Ihrer Haltung und bereit, den heftigen Gefühlsausbruch des Kindes als Reaktion auf Ihr Verbot zu respektieren, ohne nachzugeben. Wenn Sie dann auch noch freundlich dabei bleiben, sind Sie ein Musterbeispiel für Chef-Eltern mit »guter Autorität«!

Das gilt auch dann, wenn Ihnen das nicht immer, aber immerhin gelegentlich gut gelingt. Schließlich sind wir keine Maschinen, sondern durchaus tagesformabhängig mal mehr, mal weniger geduldig und konsequent.

Dispositionen: Wofür Chef-Eltern manchmal anfällig sind

Wie wir gesehen haben, können Chef-Eltern durchaus imposante Erziehungsqualitäten vorweisen. Dennoch gibt es ein paar typische Erziehungsfallen, in die Chef-Eltern aufgrund ihrer Konstitution relativ schnell hineintappen können.

FALLE 1
SITZ! PLATZ! AUS! – WENN CHEF-ELTERN ZU FELDWEBELN MUTIEREN

»Lass das gefälligst! Benimm dich!« Es gibt Chef-Eltern, die es als »normal« empfinden, ihren Kindern Befehle zu erteilen. Manche tun dies sogar im Kommandoton: »Herkommen!«, »Nu mal aufräumen, aber zack, zack!« Solche knappen Instruktionen klingen eher nach Feldwebel denn nach liebevoller Mutter oder fürsorglichem Vater.

Wir kennen ja alle Situationen, in denen unsere Nerven blank liegen und unser Tonfall zu wünschen übrig lässt. Wem dieser Kasernenhofton allerdings häufiger herausrutscht, der sollte seine innere Einstellung hinterfragen. Mangelt es an der nötigen Geduld, an ein wenig Langmut, hinreichendem Verständnis für die Kleinen oder an Souveränität?

Wer über natürliche Autorität verfügt, kann fast immer auf feldwebelhaftes Auftreten und Herumkommandieren verzichten. Und bedenken Sie eines: Der Ton macht bekanntlich die Musik.

Wenn Sie sich auch schon öfter dabei ertappt haben, wie Sie zum Oberbefehlshaber mutieren, dann habe ich ein paar Tipps für Sie:

WAS HILFT?

Wie wäre es mit ein bisschen mehr Geduld? Ja, Kinder können nerven. Und natürlich werden wir manchmal wütend, »unpädagogisch« laut oder muffelig. Das passiert schon mal. Doch prinzipiell hat das Kind einen respektvollen Umgangston verdient. Und es darf nicht dauerhaft als Blitzableiter unserer schlechten Laune benutzt werden.

Beobachten Sie also genau, in welcher Situation Sie sich in einen »Feldwebel« verwandeln:

- Was reizt Sie so sehr, dass Sie Ihren gewöhnlich freundlichen Umgangston über Bord werfen? Wie könnten Sie eine solche Situation entschärfen bzw. bereits im Vorfeld versuchen, sie zu vermeiden?
  Fangen Sie zum Beispiel an herumzukommandieren, nachdem Sie Ihre Tochter zum wiederholten Mal gefragt haben, ob sie bitte so nett sein könnte, mit dem Hund rauszugehen und sie immer noch keine Reaktion zeigt? Oder wenn Sie Ihren Sohn schon fünfmal gebeten haben, sein Zimmer aufzuräumen, er aber immer noch weiter im Internet surft? Dann fordern Sie das nächste Mal Ihre Tochter doch lieber gleich auf, innerhalb der nächsten halben Stunde mit dem Hund spazieren zu gehen (vorausgesetzt, Sie hatten dass schon vorher besprochen und Ihre Tochter weiß, dass das heute ihr Job ist).
  Und Ihrem Sohn setzen Sie ganz klar einen zeitlichen Rahmen: »Ich möchte, dass du bis morgen Abend den Schrank aufgeräumt und staubgesaugt hast.«
  Es gibt zwar keine Garantie dafür, dass Sohn und Tochter sofort aktiv werden, aber die Chancen erhöhen sich deutlich, wenn Sie klar und deutlich sind, dabei freundlich bleiben und zusätzlich noch einen kleinen zeitlichen Spielraum einbauen.

Wenn Sie öfter zum Kommandoton neigen, empfehle ich Ihnen zusätzlich, einmal einen kleinen Perspektivwechsel vorzunehmen:

- Wie würden Sie sich fühlen, wenn jemand Sie ständig so herumkommandieren würde?
- Was löst dieser Tonfall in Ihnen (als imaginiertes Kind) aus? Und was würden Sie sich wünschen, wenn Sie an der Stelle Ihres Kindes wären?
- Welche Schlussfolgerungen ziehen Sie daraus?

FALLE 2
»WENN DU NICHT, DANN ... .« – WENN CHEF-ELTERN DROHEN UND STRAFEN

Das Wort »gehorchen« ist out. Wir ordnen es eher dem Sprachschatz der Hundeabrichtung zu als dem der Kindererziehung. Auch wenn man es hin und wieder noch hört: Es ist unpopulär geworden. Der Begriff »Gehorsam« hat durch die sogenannte Schwarze Pädagogik und insbesondere durch das Dritte Reich einen bitteren Beigeschmack bekommen. Demokratie aber braucht selbstständig denkende und verantwortungsvolle Menschen und keine kritiklos unterwürfigen Mitläufer.

Dennoch müssen sich unsere Nachkommen in gewissem Maße den Normen und Werten unserer Gesellschaft anpassen. Das heißt zunächst nichts anderes, als dass sie den Anweisungen der Erwachsenen in gewissem Umfang Folge leisten müssen – in der Familie, besonders aber auch in Kindergarten und Schule. Die Kleinen müssen lernen, sich an bestimmte Regeln zu halten, da sonst keine Gemeinschaft funktionieren kann.

Ja, was denn nun? Soll das Kind nun also gehorchen oder nicht? Eltern geraten zwangsläufig in einen Konflikt: Wie kann ich mein Kind dazu bringen, meinen Handlungsanweisungen Folge zu leisten, ohne Zwang und Druck auszuüben? Wie bringe ich mein Kind dazu, dass es sozusagen freiwillig macht, was ich von ihm erwarte? Ohne dass es sich auf unangenehme Weise bevormundet fühlt?

Ganz schön kniffelig. Ein einigermaßen erfolgversprechender Weg ist der des Vertrauens: Wenn das Kind durch viele positive Beziehungserfahrungen zu Mama und Papa Vertrauen entwickelt hat, so fügt es sich den Aufforderungen der Eltern meistens ohne massiven Widerstand. In Pädagogen-Deutsch heißt das neuerdings: Es »kooperiert«. Das Kind arbeitet also wie erwünscht mit und steigt in den Handlungsprozess ein, den der Erwachsene ihm anbietet. Und zwar nicht aus Angst vor Strafe oder Liebesentzug, sondern weil es sich ihm anvertrauen kann und das sichere Gefühl hat, dass der Erwachsene ihm wohlgesinnt ist.

Da Chef-Eltern den hohen Anspruch haben, sich beim Kind möglichst stressfrei durchzusetzen, geraten sie rasch unter Druck, wenn ihnen das nicht gelingt. »Mein Kind hört nicht« ist für viele Chef-Eltern eine Art erzieherischer Bankrotterklärung. So mancher Chef-Papa, der in seiner Firma einen wichtigen Posten bekleidet, sagt in einem Erziehungsberatungsgespräch: »In der Firma machen 120 Leute, was ich ihnen sage. Aber zu Hause macht jeder, was er will!« Und so manche Chef-Mama, die als Lehrerin täglich 25 Schüler zu bändigen versteht, wundert sich, dass ihr die eigenen Kinder zu Hause so auf der Nase herumtanzen.

In ihrer Not greifen manche Chef-Eltern mitunter in die Mottenkiste der autoritären Erziehung: Sie schimpfen und drohen mit Strafen. Viele Chef-Eltern halten Strafen nach wie vor für eine unumgängliche Maßnahme in der Erziehung. Das Kind soll spüren, dass es etwas Falsches/Schlechtes/Böses getan hat und daraus lernen.

Androhungen von Fernsehverbot, Stubenarrest oder zusätzliche Tätigkeiten im Haus sind jedoch eher Ausdruck von Machtgebaren denn von liebevoller Autorität. »Wenn du nicht sofort machst, was ich dir sage, dann gehst du morgen nicht zu dieser Party!« oder ähnlich erpresserische Androhungen zwingen Kinder in eine nachgebende Position. Manchmal lässt es sich vielleicht nicht vermeiden, zur regelmäßigen Anwendung sind allerdings weder Strafandrohungen noch Strafen empfohlen. Dann nämlich reagieren Kinder oft trotzig oder nehmen auf Dauer lieber die Strafen in Kauf, als das zu tun, was von ihnen erwartet wird.

WAS HILFT?

Wer häufig Strafen androht, sollte in Stresssituationen erst einmal tief Luft holen und kurz innehalten. Überlegen Sie kurz:

- Was will ich erreichen?
- Wie kann ich das am besten erreichen?
- Wie wichtig ist es, dass ich mich jetzt durchsetze? Kann ich ein Auge zudrücken (muss es der rote Pulli oder kann es auch der blaue sein?)? Oder ist es notwendig, dass das Kind meinen Anweisungen folgt (es liegt Schnee und das Kind muss die dicke Winterjacke anziehen.)?
- Welche Konsequenzen muss das Kind in Kauf nehmen, wenn es der Bitte nicht Folge leistet? Führen Sie diese Ihrem Kind ganz sachlich vor Augen.

Üben Sie diese Verhaltensweise ab und zu, dann wird es Ihnen auch in Stressphasen leichter fallen, ohne Schimpfen und Drohen auszukommen.

Beispiele für logische Konsequenzen:

Eine bekannte Regel in Davids Familie lautet, dass alle Familienmitglieder sich im Flur die Straßenschuhe ausziehen. David, sechs Jahre alt, rennt mit verdreckten Gummistiefeln quer durchs Wohnzimmer.

Konsequenz: Er muss den Schmutz wegfegen, den er auf dem Parkett verteilt hat.

Lina, acht Jahre alt, bummelt morgens beim Anziehen so lange, dass sie zehn Minuten zu spät in die Schule kommt.

Konsequenz: Der Lehrer erteilt ihr einen Eintrag ins Klassenbuch und ermahnt sie, am nächsten Tag wieder pünktlich zu sein. Elterliches Drohen und Strafen ist in diesem Fall überflüssig.

Und noch ein paar allgemeine Tipps für den Familienalltag:

- Machen Sie sich klar, warum Sie so schnell unter Druck geraten. Warum können Sie es schlecht ertragen, wenn die Kinder einmal nicht sofort »spuren«? Es reicht, wenn sie meistens »gut hören«!
- Nehmen Sie es mit Humor. Nobody is perfect! Ihre Kinder nicht. Und Sie zum Glück auch nicht!
- Freuen Sie sich darüber, dass Ihre Kinder ihren Verstand benützen. Haben Sie nicht schon mal heimlich über die Cleverness Ihres Sprösslings geschmunzelt, obwohl Sie sauer waren? Vielleicht imponiert es Ihnen ja auch ein bisschen, dass Ihr Kind nicht alles schluckt, was Sie ihm vorsetzen? Weil Sie sich das als Kind nie getraut hätten?

FALLE 3
GRENZEN-SETZEN AUF TEUFEL KOMM RAUS? – WENN CHEF-ELTERN IN DIE MOTTENKISTE DER AUTORITÄREN ERZIEHUNG GREIFEN

In Stresssituationen greift der Mensch gerne auf altbekannte Verhaltensmuster zurück, die er in seiner Kindheit einmal kennengelernt hat. Gerät man unter Druck und fühlt sich hilflos, läuft unbewusst ein bestimmtes inneres Programm ab, dem man sich in diesem Moment ausgeliefert fühlt. So beginnen viele gestresste Mütter und Väter herumzuschreien oder führen moralische Sprüche ins Feld, die sie eigentlich niemals an ihre Kinder weitergeben wollten. Mit anderen Worten: Sie legen Verhaltensweisen an den Tag, die sie im Nachhinein bereuen. Wieso, fragen sie sich, hatte ich mich so schlecht im Griff?

Auch Eltern mit einem hohen Chef-Faktor kennen dieses Problem. Wenn sie selbst sehr autoritär erzogen wurden, werden bei ihnen durch Stress oft reaktionäre Autoritätsmuster reaktiviert. Das heißt: Sie verhalten sich unter Druck ihren Kindern gegenüber ähnlich wie ihre eigenen auf kindlichen Gehorsam bedachten Eltern. Mit dem Effekt, dass sie manchmal recht rabiat versuchen, ihre Ziele durchzusetzen.

So rutscht immer noch manchen Chef-Eltern die Hand aus, wenn sie sich ohnmächtig oder in die Enge gedrängt fühlen, auch wenn es ihnen hinterher leidtut. Mit diesem Verhalten sind Chef-Eltern von der positiven Autorität wieder zur negativen Autorität zurückgekehrt, die als Ausdruck von Dominanz und Macht dazu dient, das Kind in seine Schranken zu weisen.

Auch das derzeit beliebte »Grenzen-Setzen« wird gelegentlich von Chef-Eltern missverstanden und als Hintertürchen für die (Wieder-)Einführung der Willkürherrschaft benutzt. Doch das Grenzen-Setzen darf kein Selbstzweck aus Prinzipienreiterei werden, sonst wird es sinnlos und hohl.

WAS HILFT?

Wenn Sie auch gelegentlich »rückfällig« werden und auf alte autoritäre Erziehungsmethoden zurückgreifen, die Sie eigentlich überwinden wollten, bedenken Sie folgende Punkte:

Überlegen Sie, in welchen Situationen Sie »autoritärer« werden, als Sie eigentlich sein möchten. Analysieren Sie, wann Ihre Stimmung kippt: Was fühlen Sie in diesem Moment? Kennen Sie dieses Gefühl schon länger?

Wenn Sie erst einmal verstanden haben, worauf Sie so heftig reagieren, wird es Ihnen leichter fallen, sich in einer ähnlichen Situation anders, also weniger autoritär zu verhalten.

Ein Verbot sollte für Kinder nachvollziehbar und verständlich sein. Das heißt allerdings nicht, dass seine Notwendigkeit wissenschaftlich belegt werden muss. Und nicht jedes Nein zu einem kindlichen Wunsch erfordert eine ausführliche Begründung. Kurze Erklärungen reichen völlig aus. Viele »Verbote« sind übrigens nicht unbedingt rational, sondern emotional begründet, wie das folgende Beispiel zeigt:

Ihr Sohn tobt lautstark im Wohnzimmer herum. Sie sind aber gerade völlig erledigt von der Arbeit gekommen und brauchen dringend Ihre Ruhe. In dieser Situation reicht ein authentisches Statement völlig aus: »Ich bin total erledigt und möchte nicht, dass du hier so herumtobst. Geh bitte für eine Weile in dein Zimmer. Wenn ich mich in einer halben Stunde etwas ausgeruht habe, können wir noch etwas zusammen spielen.«

Das hört und fühlt sich für Kinder einfach anders an als ein barsches »Tob hier gefälligst nicht so rum« oder »Jetzt ist aber mal Schluss hier«. Auch das »Basta!« kann man sich sparen.

FALLE 4

ENTWEDER … ODER! – WENN CHEF-ELTERN ZUM SCHWARZ-WEISS-DENKEN NEIGEN

Manche Eltern mit einem hohen Chef-Faktor tendieren dazu, sich selbst für besonders lebenskluge Menschen zu halten. Sie meinen zu wissen, was richtig und falsch ist. Sie haben ein sehr klares Wertesystem, das den Kindern, aber auch ihnen selbst viel Sicherheit bietet. Diese Werte und Regeln in Frage stellen zu lassen oder sogar selbst zu hinterfragen, fällt vielen Chef-Eltern schwer. Manche finden dann vermeintlich objektive Bewertungskriterien für die Richtigkeit ihrer Ansichten und halten ihre Meinung für die einzig wahre. Solche Chef-Eltern erwecken manchmal den Eindruck, stur oder besserwisserisch zu sein. Sie insistieren, wenn andere nicht ihrer Meinung sind und sie sich im Recht fühlen. So gehören auch Sätze wie »Das ist nun mal so!«, »Das kann nicht sein!« oder »Das tut man nicht« durchaus zu ihrem verbalen Standardrepertoire.

Chef-Eltern, die so gestrickt sind, fällt es manchmal schwer, andere Ansichten und für sie nicht nachvollziehbare Verhaltensweisen zu tolerieren, geschweige denn zu akzeptieren. Besonders wenn die eigenen Kinder ganz anders »ticken« als sie selbst, können solche Chef-Eltern das schlecht aushalten.

WAS HILFT?

Machen Sie sich hin und wieder klar, dass Ihre Ansichten, Werte und Ideale auch nur subjektiv und deshalb nicht »richtiger« als die anderer Menschen sind. Ein bisschen mehr Toleranz anderen Denkweisen gegenüber kann nicht schaden. Dies gilt natürlich ganz besonders in Bezug auf Ihre Kinder. Denn auch diese haben ein Recht darauf, ihren Verstand zu benützen und durch selbstständiges Denken zu Schlussfolgerungen zu gelangen, die sich von den Ihren durchaus auch einmal unterscheiden.

Es stellt sich grundsätzlich die Frage, ob die Kategorisierung in »gut« und »schlecht« oder »richtig« und »falsch« überhaupt sinnvoll und hilfreich ist. Denn schließlich ist alles relativ. Das Leben ist bunt, zwischen Schwarz und Weiß gibt es unendlich viele interessante Zwischentöne ...

FALLE 5
ZU KONKRETE VORSTELLUNGEN?

Chef-Eltern haben in der Regel schon sehr früh sehr klare Vorstellungen davon, wie sich die Kinder am besten entwickeln sollten, was das Beste für sie ist und wie man das am besten erreicht. Schon im Neugeborenen sehen sie die talentierte Balletttänzerin oder den ehrgeizigen Fußballprofi.

Alle Eltern haben bestimmte Vorstellungen davon, wie ihre Kinder einmal werden sollen. Das ist auch insofern gut, als es den Kindern eine gewisse Orientierung gibt.

Halten die Eltern allerdings starr an ihren Idealen fest, obwohl sich bereits früh abzeichnet, dass die Kinder ganz andere Talente haben, dann kann das vor allem für Letztere eine schwere Bürde werden. Denn kein Kind möchte seine Eltern enttäuschen!

Chef-Eltern, die merken, dass sie zu festgefahrene Vorstellungen davon haben, wie ihr Sohn oder ihre Tochter einmal werden soll, sollten sich hin und wieder fragen, woher diese Wünsche eigentlich kommen. Oft handelt es sich hier um sogenannte Delegationen, das heißt: Die Eltern erwarten, dass ihre Kinder Aufgaben lösen, die sie selbst nicht erledigen konnten.

Beispiel: Herr X. ist in seiner Ehe schon seit vielen Jahren unglücklich. Er fühlt sich eingeengt, findet sein Leben langweilig. Heimlich träumt er von weiten Reisen und einem unabhängigen Leben mit einem Hauch von Abenteuer und Freiheit. Von seinem Sohn Max erwartet Herr X. unbewusst, dass er möglichst lange Junggeselle bleibt und mit dem Rucksack viele exotische Länder bereist. Er hofft, dass es seinem Sohn dann besser ergehen wird als ihm selbst. Andererseits soll der Sohn damit den Traum verwirklichen, den der Vater nicht leben konnte. Herr X. wird sicherlich sehr enttäuscht sein, wenn Max ihm mit Mitte zwanzig erzählt, dass er heiraten, eine Familie gründen und ein Haus bauen möchte.

Nun müsste Herr X. sich mit seiner eigenen Trauer über seine verpassten Chancen auseinandersetzen und sich um seine Ehe und sein seelisches Wohlbefinden kümmern. Wenn er aber nun stur darauf beharrt, seinem Sohn die Heirat zu vermiesen, weil er das für die falsche Entscheidung hält, riskiert er erstens die gute Beziehung zu seinem Sohn, zweitens vermeidet er aber auch, selbst etwas an seinem Leben zu verändern.

Chef-Eltern sind wunderbar …
… wenn sie hin und wieder ihr eigenes Werte- und Bewertungssystem überprüfen!

Chef-Eltern geben ihren Kindern viel Sicherheit und Geborgenheit. Sie navigieren ihr Familienschiff meist zielsicher auch durch heftigere Wogen des Familienalltags. Mithilfe ihrer liebevollen Autorität gelingt es ihnen besonders gut, Klarheit, Struktur und damit eine gewisse Leichtigkeit in das Familienleben zu zaubern.

Wenn Chef-Eltern es auch noch schaffen, die abweichenden Ansichten ihrer Kinder zu respektieren, wenn sie bereit sind, von eigenen Überzeugungen gelegentlich mal abzusehen und die eigenen Idealvorstellungen zu überprüfen, bieten sie ihren Kindern einen wunderbaren Raum, in dem sie bestens gedeihen dürften.

Der Schnelltest zum Erziehungsstil:
Bestimmen Sie Ihren Kuschel-Faktor

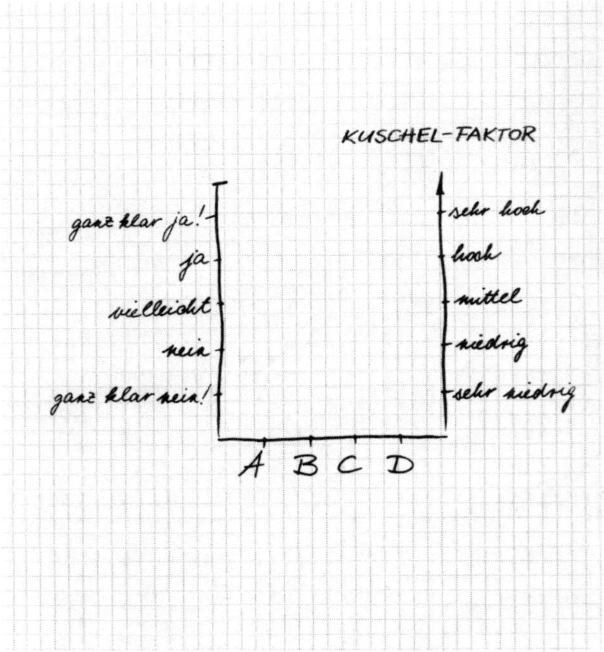

A: Lautstarke Familien-Streitereien sind im Grunde genommen überflüssig.

B: Um Familienfrieden herzustellen bin ich immer gerne bereit, Kompromisse einzugehen und auch mal zurückzustecken.

C: Unsere Familie hält immer zusammen.

D: Ein ruhiges und friedliches Miteinander in der Familie ist ein sicheres Zeichen dafür, dass man sich liebt.

Der Kuschel-Faktor: Hauptsache harmonisch

Das Erziehungs-Credo der Kuschel-Eltern: Einfach friedlich zusammenleben

Eltern, die über einen ausgeprägten Kuschel-Faktor verfügen, bemühen sich stets um ein angenehmes und friedliches Familienklima. Damit dies gelingt, sind sie besonders kompromissbereit. Denn wichtiger, als ihre eigenen Interessen durchzusetzen, ist ihnen das Wohlergehen der Kinder und die positive Atmosphäre in der Familie. So beharrt Kuschel-Mama nicht auf ihrem Lieblingsreiseziel Mallorca, Kuschel-Vater nicht auf seiner anvisierten Paddeltour: Beide hören sich geduldig die Argumente des Sohnes an, der in den Bergen wandern will, oder der Tochter, die mit ihrer Freundin die Ferien auf einem Reiterhof verbringen möchte. Das Glück der Kuschel-Eltern hängt nicht davon ab, ob es gelingt, den eigenen Willen durchzuboxen. Schon gar nicht, wenn die Kinder dabei einen großen Verzicht leisten müssen. Viel wichtiger ist ihnen, dass sie miteinander Zeit verbringen und gemeinsam etwas Schönes erleben. Alle Interessen möglichst stressfrei unter einen Hut zu bringen, ist ein Hauptanliegen der Kuschel-Eltern.

KOMPROMISSBEREIT FÜR DEN FAMILIENFRIEDEN

Viele Väter lieben es ruhig in der Familie: Sie sind verständlicherweise froh, wenn sie nach einem nervenaufreibenden Arbeitstag in den heimischen Gefilden nicht noch zusätzlich mit Konflikten belastet und mit schlechter Stimmung konfrontiert werden. Oft erwarten sie von ihrer Gattin, sie möge bitte rechtzeitig für gute Laune und entspannte Stimmung zu Hause sorgen.

Echte Kuschel-Väter aber verhalten sich rücksichtsvoll und nachgiebig, um so ihren Beitrag zum gewünschten Familienfrieden zu leisten. Sie stecken »um des lieben Friedens willen« auch Wünsche zurück. Lieber mal aufs Fußballtraining verzichten oder einmal weniger mit Freunden um die Ecke ziehen, als womöglich lautstarken Protest oder stumme Vorwürfe zu ernten. So wichtig ist das nun auch wieder nicht … Familie geht allemal vor.

Besonders oft sind es aber die Kuschel-Mütter, die sich für die ersehnte Familienharmonie zuständig fühlen. Sich viel um ihre Lieben zu kümmern, sie zu umsorgen und bei passender Gelegenheit auch mal ordentlich zu verwöhnen, ist ihr Ausdruck von Liebe, Verantwortungsbewusstsein und Zuneigung.

Puristische Kuschel-Mamas geben aus tiefer Überzeugung zeitintensive Hobbys auf, wenn auch manchmal nur vorübergehend. Egoistisch ihren Stiefel durchzuziehen ist nicht ihr Stil. Mal ausgiebig bummeln gehen? Nur nach Absprache, wenn es die Familienpläne nicht durchkreuzt. Wellness-Wochenende mit der Freundin? Große Ausnahme. Allein in Urlaub fahren? Kommt gar nicht in Frage. Kuschel-Mütter sind gern bereit, auf vieles zu verzichten, um ganz für den Partner und die Kleinen da zu sein. Selbst dann, wenn die Kleinen gar nicht mehr so klein sind …

Überhaupt wirken Eltern auf Kuschelkurs nicht besonders egozentrisch; ihr Hauptaugenmerk liegt schließlich auf der Gemeinschaft: Allen Familienmitgliedern soll es gut gehen, und jeder soll sich mit jedem möglichst gut verstehen. Sie wünschen sich sehnlichst, dass sich auch die Kinder untereinander vertragen mögen und halten es auch für ihr Verdienst, wenn dies so ist. Umgekehrt überlegen sie, ob sie eventuell etwas falsch machen, wenn sich Bruder und Schwester immer wieder nach Herzenslust bekämpfen. Können Kuschel-Eltern über kleinere Zwistigkeiten noch relativ gelassen hinwegsehen, so sind ordentlicher Geschwisterzank, lautstarkes Gebrüll oder gar Handgreiflichkeiten doch unerwünscht bis absolut tabu.

So erwarten Kuschel-Eltern von älteren Geschwisterkindern oft viel Verständnis für die Kleineren. Und sie freuen sich entsprechend, wenn ein Dreijähriger sein kleines Schwesterchen füttern will, weil er es offensichtlich so lieb hat. Toll finden es Kuschel-Eltern auch, wenn Mutter und Tochter den gleichen Klamottengeschmack haben und gerne im Partnerlook herumlaufen, oder wenn Vater und Sohn dieselbe Rock-Musik cool finden.

ES LEBE DIE WOHLFÜHL-KULTUR!

Eltern mit hohem Kuschel-Faktor schwebt durchaus das Ideal der glücklichen Familie aus der bekannten Margarine-Werbung vor Augen, die leichten Herzens und bei immerwährendem Sonnenschein das Leben in vollen Zügen genießen kann. Das Familienziel lautet: Zufriedenheit, Leichtigkeit, Fröhlichkeit. Positiv denken, das Schöne sehen, nicht unnötig auf Problemen herumkauen, lautet die Devise. Dass das natürlich nicht immer geht, wissen kluge Kuschel-Eltern. Sie sind ja schließlich nicht naiv. Dennoch arbeiten sie hartnäckig daran, dem Bild der harmonischen Idylle wenigstens so nahe wie möglich zu kommen.

Manche Kuschel-Mütter verwenden übrigens viel Zeit und Mühe darauf, die Wohnung schön herzurichten und für ein gemütliches Ambiente zu sorgen, in dem sich alle rundum wohlfühlen können.

Kuschel-Eltern lieben es also harmonisch. Familie ist für sie idealerweise ein Ort der Ruhe und Ausgeglichenheit. Hier kann man es sich gemütlich machen, Energie tanken und es sich so richtig gut gehen lassen. Reflektierte Kuschel-Mütter und -Väter schmunzeln manchmal selbstironisch über ihre »Harmoniesucht«. Denn natürlich verstehen sie, dass es ganz ohne Aggressionen nicht geht, dass diese zum menschlichen Leben dazugehören. Dennoch meiden sie Streitereien, wo immer es geht. Oft liegt der Grund für die Abneigung gegen heftige Auseinandersetzungen in der eigenen Vergangenheit: Wer als Kind der Willkürherrschaft einer gewaltbereiten Alkoholikerin oder eines Cholerikers ausgeliefert war, bei dem können Wutausbrüche auch im Erwachsenenalter noch Ängste und Abwehrreaktionen hervorrufen. Aber auch Menschen, die in ihrer Ursprungsfamilie nie heftige Wortwechsel mitbekommen haben und so nicht lernen konnten, wie man mit diesen gewinnbringend umgeht, fühlen sich als Erwachsene lautstarken Kontroversen oft nicht gewachsen. Deshalb versuchen viele Kuschel-Mamas und -Papas Konfrontationen erst gar nicht entstehen zu lassen oder sie zumindest »zeitnah« im Keim zu ersticken. Im besten Falle nicht, indem sie Schwierigkeiten herunterspielen und Probleme nicht ernst nehmen, sondern indem sie etwa versuchen, innerhalb der Familie für möglichst viel Gerechtigkeit zu sorgen und so schon im Vorfeld eventuelle Spannungen zwischen den einzelnen Familienmitgliedern zu entschärfen. Das setzt voraus, dass Kuschel-Eltern sehr feine Antennen für latente Störfaktoren innerhalb der Familie haben: Sie erspüren schnell, wenn ein Kind leicht eifersüchtig wird oder ein anderes sich bei jeder noch so vermeintlich harmlosen Kleinigkeit ungerecht behandelt fühlt. Und dem versuchen sie dann geschickt vorzubeugen, indem sie ihre Aufmerksamkeit möglichst gerecht verteilen und auch ansonsten versuchen, fair zu bleiben.

KONFLIKTE VERMEIDEN – ODER GANZ SCHNELL LÖSEN

Oft übernimmt der Elternteil mit dem höheren Kuschel-Faktor auch die Aufgabe, Spannungen zwischen dem anderen Elternteil und den Kindern zu lösen, um so die Harmonie wiederherzustellen. Meistens sind sie sehr geschickt darin, Verständnis füreinander zu wecken und so zu einem Kompromiss zu finden, mit dem alle einverstanden sind. Kuschel-Eltern sind ohnehin besonders fit darin, den Vermittler zu spielen, da sie diese Rolle oft auch bereits in ihren Herkunftsfamilien gespielt haben. Schon als Kinder haben sie gelernt, die Bedürfnisse anderer zu erkennen und bei sich anbahnenden Konflikten ausgleichend zu handeln, damit die Stimmung in der Familie nicht ins Bedrohliche kippt. Das geschieht manchmal auf merkwürdigste Weise. So entwickeln viele Kinder Methoden, um Spannungen zwischen den Eltern zu entschärfen, indem sie sich selbst zum Sündenbock machen – durch provokatives Verhalten, Verweigerung, Lernschwierigkeiten und andere »Auffälligkeiten«. Oder sie sorgen durch Krankheiten dafür, dass sie in den Mittelpunkt der Aufmerksamkeit geraten. Die Eltern sind dann von ihren Streitereien abgelenkt, so dass an dieser Stelle eine gewisse Ruhe eintritt, der Konflikt also nicht eskalieren kann. Im Gegenteil: Die gemeinsame Sorge um das Kind schweißt die Eltern ja wieder zusammen. Wer solche Strategien bereits als Kind gelernt hat, weiß auch im Erwachsenenalter, wie man Konflikte möglichst geschickt umschifft und die Menschen wieder einander näher bringt. Auch wenn dies fast immer unbewusst geschieht.

Wutausbrüche empfinden Kuschel-Eltern als Ausdruck der Not und Hilflosigkeit, als beschämend, unreif und peinlich. Aggressionen sind für sie nur Auswüchse unkontrollierten Verhaltens. Kuschel-Eltern bemühen sich deshalb im Umgang mit ihren Kindern stets um Geduld und Ruhe. Sie wollen die Kontrolle behalten, und da sie sich meistens auch selber gut im Griff haben, gelingt ihnen das auch ganz gut.

Sie versuchen auch in den kniffligsten Situationen, besonnen zu handeln, verständnisvoll zu argumentieren und die Interessenskonflikte möglichst schnell zu klären. Entweder spontan oder in eigens dazu einberufenen Familienkonferenzen, die dem Zweck dienen, Streitigkeiten zwischen den Geschwistern oder zwischen Eltern und Kindern beizulegen. Für Kuschel-Eltern sind Konflikte letztlich nur dazu da, um sie möglichst schnell beizulegen.

Und obwohl es ihnen besonders schwerfällt, lautstarken Streit zwischen Familienmitgliedern zu ertragen, so wissen sie doch, dass sie sich auch dieser Aufgabe stellen müssen. Besonders, wenn die Kinder ihre berüchtigten »Autonomiephasen« durchleben, im Volksmund »Trotzalter« und »Pubertät« genannt. In diesen Phasen legen die Kinder ja bekanntermaßen auf Harmonie eher weniger Wert, was Kuschel-Eltern recht an die Substanz geht. Ein brüllender Zweijähriger, der partout nicht ins Bett gehen will oder ein Teenager, der sich vor Gästen provokativ unflätig benimmt, sind immer eine Herausforderung für die elterlichen Nerven. Für Eltern mit hohem Kuschel-Faktor bricht aber in diesen manchmal schweren Zeiten eine Welt zusammen. Wir haben es doch so gut miteinander! Warum machen die Kleinen nun unser gutes Familienklima kaputt! Dass diese entwicklungsbedingten Verhaltensweisen ganz normal sind und nichts mit wirklich destruktiven Tendenzen zu tun haben, müssen Eltern mit großem Harmoniebedürfnis manchmal erst verstehen lernen.

NÄHE UND ZUSAMMENHALT

Besonders wichtig ist Kuschel-Eltern auch der familieninterne Zusammenhalt: Solidarität und gegenseitige Unterstützung ist für sie (zumindest theoretisch) geradezu selbstverständlich. Und im besten Falle entspringt dies keinem verordneten Zwang, sondern einer tiefen gefühlten emotionalen Verbundenheit.

Eltern mit hoher Kuschel-Kompetenz schaffen es auch immer wieder, ein gesundes Zusammengehörigkeitsgefühl herzustellen. So unternehmen Kuschel-Familien viel miteinander und stärken so dauerhaft ihr »Wir-Gefühl«. Gemeinsam Spaß zu haben, zu essen und zu lachen, bedeutet Kuschel-Familien ganz besonders viel.

Auch Nähe und Verbindlichkeit spielen in Kuschel-Familien eine große Rolle. Allzu viel Distanz zwischen den Familienmitgliedern empfinden Eltern mit Kuschel-Ideal als unangenehm oder sogar bedrohlich. Deshalb ist es ihnen auch sehr wichtig, möglichst viel von ihren Kindern zu erfahren: wie es in der Kita oder Schule war, was dem Kind Spaß gemacht hat und mit wem es gespielt hat. Ist das Töchterchen maulfaul und hat kein Interesse, ausführlich Bericht zu erstatten, ist das für Kuschel-Mamas manchmal kaum zu ertragen.

Da sich Kuschel-Eltern sehr mit ihren Sprösslingen identifizieren, fällt es ihnen auch schwer, eine gesunde kritische Haltung zu ihnen einzunehmen. Kuschel-Eltern, die um ihre Neigung zur »Harmoniesucht« wissen, gehen damit bewusst um und arbeiten daran, ihr Kind zumindest gelegentlich aus ihrem idealisierenden

Blick zu entlassen. Das gelingt ihnen am besten mit ein bisschen Humor und Geduld.

Menschen mit hohem Kuschel-Faktor sind übrigens meistens auch sehr hilfsbereit. Sie tun viel dafür, dass sich andere wohlfühlen. Sie sind anderen Menschen oft sehr zugewandt und zeigen sich interessiert, sie können gut zuhören, beschwichtigen und gut trösten. Sie haben ein feines Gespür für die Bedürfnisse anderer und sind auch gerne bereit, ihnen Gutes zu tun und deren Erwartungen zu erfüllen. Kuschel-Menschen freuen sich, wenn sie anderen helfen können, ohne allerdings selbst allzu viel für sich einzufordern. Zu merken, dass sie anderen geholfen haben, ist für sie »Belohnung« genug. Sie fühlen sich oft bestätigt, wenn ihre Fürsorglichkeit mit ein bisschen Anerkennung und Dankbarkeit quittiert wird.

FEINFÜHLIG, VERSTÄNDNISVOLL UND HILFSBEREIT

Zu den ausgeprägten Fähigkeiten der Kuschel-Eltern gehört auch diplomatisches Geschick: Sie können sich oft mithilfe einer distanzierten Haltung aus Konflikten heraushalten, die sie nicht unmittelbar selbst betreffen, und durch ihren gesunden Abstand oft auch noch konstruktive Hilfestellung zur Klärung leisten. Sie können die Allparteilichkeit wahren und legen sich nicht auf einen Standpunkt fest, wenn es nicht unbedingt sein muss. Kurzum: Sie sind Meister der Deeskalation.

Das heißt natürlich nicht, dass sie keine eigene Meinung hätten. Vielmehr erkennen sie an, dass es unterschiedliche Ansichten gibt, und dass man diese akzeptieren und gegeneinander abwägen muss. Besonders Kuschel-Väter sind manchmal sehr geschickte Vermittler. Sie sind oft sehr beliebt und werden von Freunden und Bekannten gerne als Berater in schwierigen Situationen herangezogen. Sie polarisieren nicht, sondern gelten als souveräne Problemlöser in verzwickten Fällen. Auch für Kinder sind solche Eltern ein echter Fels in der Brandung. Denn sie hören gut zu, können gut relativieren und versachlichen, und erweisen sich oft als hilfreich, wenn es darum geht, schwierige Entscheidungen zu treffen.

Kuschel-Eltern sind oft sehr sensibel und feinfühlig im Umgang mit ihren Kindern: Sie nehmen deren Bedürfnisse und Wünsche stets ernst, manchmal sogar ernster als ihre eigenen. Sie nehmen viel Rücksicht auf die Gefühle ihrer Kinder, sind vorsichtig mit Kritik an ihnen und wollen sie auf keinen Fall kränken oder verletzen. Geschieht ihnen das aus Versehen dann doch mal, sind sie schnell bereit, sich dafür zu entschuldigen und das Missverständnis zu klären. Erst dann kann nämlich wieder echter Familienfriede herrschen.

Was Kuschel-Eltern besonders wichtig ist

→ ruhiges und harmonisches Familienklima
→ hohe Kompromissbereitschaft und gegenseitige Rücksichtnahme
→ Feinfühligkeit im Umgang mit familieninternen Spannungen
→ Diplomatie
→ Hilfsbereitschaft und Kooperationsfähigkeit
→ Pflege des Familienzusammenhalts und des Zugehörigkeitsgefühls
→ rasche Entschärfung von Konflikten
→ Konfliktlösungen im »Win-win«-Verfahren

Kleiner Konstitutions-Check: Wochenend' und Sonnenschein – Sind Sie eine Mama mit hohem Kuschel-Faktor?

Wollen Sie herausfinden, ob Sie eine ausgeprägte Kuschel-Neigung in der Erziehung haben? Dann können Sie sich ja mal selbst testen: Stellen Sie sich vor, es ist Freitagnachmittag und Sie planen das Wochenende. Für den Samstag sehen Sie einen kleineren Hausputz vor. Für den Sonntagmittag haben Sie sich vorgenommen, Ihre Familie endlich mal wieder mit einem leckeren Drei-Gänge-Menü zu verwöhnen: Sie freuen sich schon jetzt darauf, so richtig schön und gemütlich beieinander zu sitzen und die Gemeinsamkeit zu genießen. In Gedanken dekorieren Sie schon den Esstisch, zünden die Kerzen an und garnieren das Dessert. Außerdem wäre es doch eine günstige Gelegenheit, die Schwiegereltern dazu einzuladen …

Ihr Partner zeigt sich hingegen von diesen Ideen nicht so besonders begeistert. Er hat mehr Lust auf ein richtiges Wurschtel-und-Werkel-Wochenende: Die Wände im Treppenhaus müssen endlich mal gestrichen werden. Dazu braucht er aber Samstag und Sonntag. Und wenn das geschafft ist, möchte er einfach nur noch Ruhe haben und ausspannen. Er fände es auch in Ordnung, den Pizzadienst kommen zu lassen.

Ihre älteste Tochter plant hingegen eine Übernachtung bei ihrer besten Freundin und hat keinen »Bock« auf Oma und Opa, und Ihr Sohn will unbedingt »endlich mal wieder« mit Ihnen ins Schwimmbad gehen.

Was tun Sie?

ERSTE REAKTIONSMÖGLICHKEIT: STUR BLEIBEN, SICH DURCHSETZEN

Sie seufzen tief. Sie sehen überhaupt nicht ein, dass an

diesem Wochenende das Haus zu einer Baustelle umgerüstet werden soll, denn Ihnen steht der Sinn nun wirklich nicht nach handwerklicher Aktivität und schon gar nicht nach Farbklecksen und Leiter- und Zeitungspapier-Chaos. Eigentlich ärgern Sie sich auch darüber, dass Ihr Partner lieber auf ein von Ihnen liebevoll inszeniertes Festmahl verzichtet, nur um mal wieder das ganze Wochenende mit Renovieren zu verbringen.

Außerdem halten Sie Ihre Tochter an, nicht schlecht über Oma und Opa zu reden. Wenn diese kommen, hat sie da zu sein, basta! Sie erlauben ihr zwar, am Samstag ihre Freundin zu besuchen, die Übernachtung muss aber verschoben werden. Auch der vom Sohn gewünschte Schwimmbadbesuch muss an einem anderen Tag stattfinden. Denn an diesem Tag muss geputzt werden. Die Kinder reagieren enttäuscht, Ihr Partner gibt widerwillig nach.

Gratulation: Sie haben gewonnen! Sie haben relativ rücksichtslos Ihren Plan durchgesetzt. Und erreicht, dass alle anderen sich Ihrem Willen unterordnen. Sollten Sie so reagieren, sind Sie ein ziemlich dominanter Chef-Typ. Sie könnten sich durchaus einmal mit Ihren Ängsten befassen:

- Wie kommt es, dass Ihnen die Interessen Ihres Partners und Ihrer Kinder so unwichtig zu sein scheinen? Haben Sie vielleicht in anderen Bereichen häufig das Gefühl, zurückstecken zu müssen oder kein Mitspracherecht zu haben?
- Setzen Sie Kompromissbereitschaft und Rücksichtnahme mit charakterlicher Schwäche gleich?
- Wenn ja: Was ist Ihnen im Leben widerfahren, dass Sie diese Schlussfolgerung ziehen mussten? Wurde beispielsweise jemand in Ihrer Herkunfts-

familie regelmäßig von einem anderen »untergebuttert«? Und haben Sie sich womöglich geschworen, sich niemals so »unterbuttern« zu lassen?

ZWEITE REAKTIONSMÖGLICHKEIT: MORALISIEREN, SCHLECHTES GEWISSEN MACHEN

Sie zeigen sehr deutlich Ihre Enttäuschung. Da wollten Sie Ihrer Familie mit einem leckeren Festschmaus mal so richtig was Gutes tun, und die will das gar nicht! Sie fühlen sich abgelehnt und ziehen sich emotional zurück, allerdings nicht ohne noch eine spitze Bemerkung loszulassen: »Na gut, wenn ihr meine Kochkünste verschmäht, dann eben nicht.«

Ihr Partner bekommt daraufhin Schuldgefühle und zieht seinen/ihren Vorschlag zurück. Nein, so habe er/sie es doch gar nicht gemeint. Und doch, er/sie freue sich auch über ein schönes Menü, dann streiche er/sie eben ein andermal. Auch Ihre Kinder wollen Sie trösten und ändern ihre Wochenendpläne rasch, in der Hoffnung, Sie damit wieder fröhlich zu stimmen. Sie freuen sich auch tatsächlich und finden das Verhalten Ihrer Kinder irgendwie »niedlich«.

Uups, Sie sind aber ganz schön manipulativ! Statt sich auf der rationalen Ebene weiter zu unterhalten und souverän und freundlich die eigene Meinung zu vertreten, setzen Sie auf emotionale Erpressung. Dass Sie damit viel Macht über Ihren Partner und Ihre Kinder ausüben, ist Ihnen vielleicht gar nicht klar. Diese tun schließlich alles, um Sie aus Ihrer Enttäuschung zu holen und Sie zu »retten«, indem sie Ihre Wünsche erfüllen. Ihre Kinder werden so zunehmend ihre eigenen Interessen aus den Augen verlieren und stets bemüht sein, eine Enttäuschung Ihrerseits zu vermeiden.

Sollten Sie zu einer solchen Reaktion neigen, dann fragen Sie sich einmal:

- Wie kommen Sie darauf, dass Sie Ihren Willen nur durchsetzen können, indem Sie jemanden emotional unter Druck setzen?
- Haben Sie das Gefühl, dass Sie auf andere Weise nicht zu Ihrem Ziel kämen?
- Wann haben Sie diese »Methode«, Ihre Ziele durchzusetzen, erstmals erfolgreich angewandt?
- Haben Sie diese Methode heute wirklich noch nötig? Oder kennen Sie noch andere, weniger manipulative Möglichkeiten, die eigenen Interessen erfolgreich zu vertreten?

DRITTE REAKTIONSMÖGLICHKEIT: ARGUMENTIEREN, ÜBERZEUGEN WOLLEN

Sie äußern Verständnis für die Bedürfnisse der anderen und erlauben Ihrer Tochter auch, bei ihrer Freundin zu übernachten. Sie haben auch nichts dagegen, wenn Ihr Partner mit Ihrem Sohn am Samstag ins Schwimmbad geht. Allerdings möchten Sie wirklich sehr gerne dieses leckere Mahl kochen, weil Sie erstens dazu richtig Lust hätten und das gemeinsame Essen auch für die Familie wichtig fänden. Auch seien die Schwiegereltern ja nun schon wirklich lange nicht mehr da gewesen, da sei es doch mal wieder an der Zeit. Und mit der Mal-Aktion könne man ja noch ein bisschen warten.

Wenn Sie so (oder so ähnlich) reagieren, nehmen Sie die Anliegen der anderen Familienmitglieder zwar wahr, beharren allerdings doch stark auf Ihrem Vorhaben, ohne die Meinung der anderen einzuholen. Sie versuchen mit einer Mischung aus rationalen und moralischen Erklärungen, Ihre Interessen durchzusetzen. Sie sind überzeugt davon, dass Ihr Plan einfach der beste ist und auch für die Familie gut. Wahrscheinlich sind Sie ein ausgeprägter Schlauberger-Elterntyp.

VIERTE REAKTIONSMÖGLICHKEIT: NACHGEBEN, EINSEITIGEN KOMPROMISS EINGEHEN

Sie merken, dass alle sehr unterschiedliche Vorstellungen haben und nehmen diese sehr ernst. Natürlich soll Ihre Tochter bei ihrer Freundin übernachten, wenn ihr das so sehr am Herzen liegt. Und auch der Schwimmbadbesuch wird ja wohl irgendwie machbar sein. Und wenn Ihr Liebster so unheimlich gerne streichen möchte – warum nicht? Dann verschieben Sie das Essen eben. Ein bisschen enttäuscht sind Sie zwar schon, denn Sie hatten sich etwas mehr Gemütlichkeit und Gemeinsamkeit am Wochenende erhofft, aber mit diesem Kompromiss können Sie auch gut leben.

Sie zeigen sich sehr verständnisvoll und geben nach, damit die anderen zu ihrem Recht kommen. Das ist ja schön und gut, und in manchen Situationen ist die Fähigkeit, zurückzustecken, wirklich Gold wert. Aber wo sind eigentlich plötzlich Ihre Wünsche geblieben? Wenn Sie sehr häufig auf diese Weise reagieren, überlegen Sie:

- Sind Sie sicher, dass Sie nicht nur nachgeben, damit es keinen Streit gibt, der sie emotional belasten würde?
- Haben Sie Sorge, dass Sie sich ohnehin nicht durchsetzen könnten? Ziehen Sie deshalb Ihre Interessen so schnell wieder zurück?
- Fürchten Sie, zu aufdringlich zu sein, wenn Ihre Wünsche im Vordergrund stehen? Haben Sie im tiefsten Inneren das Gefühl, dazu eigentlich gar kein Recht zu haben?

Wenn Sie sich manchmal so verhalten, sind Sie vielleicht eine Kuschel-Mama, die noch ein bisschen an ihrer Durchsetzungsfähigkeit arbeiten könnte. Kompetente Chef-Eltern könnten hierfür Pate stehen.

FÜNFTE REAKTIONSMÖGLICHKEIT: »WIN-WIN« UND ALLE SIND ZUFRIEDEN

Alle setzen sich zusammen und beginnen in einer Art Familienkonferenz, die »Wochenendplanung« zu thematisieren. Vorwürfe sind verboten, Ich-Botschaften und konstruktive Vorschläge erwünscht. Erklärtes Ziel dieser Familiensitzung ist es, zu einer einvernehmlichen Lösung zu kommen, die allen gleichermaßen gefällt. Keiner soll das Gefühl haben, zu kurz zu kommen oder seine Interessen hintan stellen zu müssen.

Es findet ein reger Austausch von Ideen statt, viele davon werden wieder verworfen oder verändert. Doch nach einer Weile sind Sie zu einer Lösung gekommen: Am Samstag streichen Ihre Tochter und Ihr Partner gemeinsam die Wand im Treppenhaus. Weil sie jetzt zu zweit sind, reicht auch der Samstag dafür aus. Sie besuchen in der Zwischenzeit mit Ihrem Sohn das Erlebnisbad. Ihre Tochter darf nach getaner Arbeit bei ihrer Freundin übernachten, ist aber pünktlich am Sonntag um 18 Uhr zum feierlichen Abendessen mit den Großeltern wieder da. Sowohl Ihr Sohn als auch Ihr Partner erklären sich bereit, vorher ein bisschen beim Aufräumen, Putzen und Kochen zu helfen.

Prima, Sie haben eine echte »Win-win«-Situation geschaffen: Keiner hat das Gefühl, eine Niederlage wegstecken zu müssen, es gibt keine Gewinner oder Verlierer. Wenn Sie Interessenskonflikte (zumindest ab und zu) auf eine solch konstruktive Weise lösen können, sind Sie sehr kompetente Kuschel-Eltern.

Dispositionen: Wofür Eltern mit hohem Kuschel-Faktor manchmal anfällig sind

FALLE I

»WIR SIND UNS JA SO ÄHNLICH!« WENN KUSCHEL-ELTERN SICH NICHT VON IHREN KINDERN ABGRENZEN KÖNNEN

Da Kuschel-Eltern die Neigung haben, bei ihren Familienmitgliedern besonders auf die Gemeinsamkeiten zu achten, werden manche unliebsamen Unterschiede unter den Teppich gekehrt. So nehmen manche Kuschel-Eltern an dem eigenen Kind nur wahr, was sie auch von sich kennen und was ihnen keine Angst macht. So kann es sein, dass Kuschel-Eltern es nicht wahrhaben wollen, dass ihr Kind in der Schule andere Kinder verprügelt oder anderweitig seinen Aggressionen freien Lauf lässt. Die Gleichmacherei dient dann der Vertuschung von Unterschieden mit dem Ziel, das Zusammengehörigkeitsgefühl maximal zu steigern.

Eine Möglichkeit, die Unterschiede zwischen Familienmitgliedern zu kaschieren, ist, die Kinder zu Freunden zu erklären. Hierzu ein Beispiel:

MUTTER UND TOCHTER: BEST FRIENDS?

Einige Mütter erklären ihre Töchter ab einem bestimmten Lebensalter zu ihren besten Freundinnen. Sie reden mit ihnen über die intimsten Vertraulichkeiten und Probleme, holen sich Rat und lassen sich von ihnen trösten.

Mutter und Tochter gehen zusammen shoppen, kaufen sich die gleichen Tops, Ballerinas und Jeans, lassen sich die gleiche Frisur machen, spielen dieselben Computerspiele, hören dieselbe Musik und gehen gemeinsam auf Popkonzerte.

Wie soll sich ein pubertierendes Mädchen emotional von seiner Mutter lösen, wenn es von dieser zum Zwilling erkoren wird? Frei nach dem Motto »Wir erzählen uns alles« werden diese Töchter-Freundinnen emotional an die Mutter gebunden, weil diese die heranwachsende Tochter nicht loslassen kann. Entweder sie fürchtet die Einsamkeit und Leere, die dann in ihrem Leben entstünde. Oder sie will sich nicht mit ihrem Älterwerden beschäftigen. Das nämlich lösen hübsche Teenager-Mädchen nun mal bei ihren Müttern aus: die Angst, vielleicht nicht mehr so attraktiv zu sein wie früher. Indem sie die Tochter zur Freundin erklärt, verweigert sich die Mutter ihrem eigenen Entwicklungsprozess und geht stattdessen in Konkurrenz zu ihrer Tochter. Diese braucht aber eine Mutter, von der sie sich ablösen und emanzipieren kann. Und mit der sie sich auch mal richtig streiten kann. Abgrenzung wäre hier angesagt.

WAS HILFT?

Können auch Sie sich emotional zu wenig von Ihrer Tochter/Ihrem Sohn abgrenzen?

Hilfreich ist in diesem Fall, sich einmal folgende Fragen zu stellen:

- Was gibt Ihnen Ihr Kind, was Sie so dringend brauchen, dass Sie es nicht loslassen können?
- Könnten Sie versuchen, das von einer erwachsenen Person (Partner, Freundin) zu bekommen?

FALLE 2
VORSICHT, WATTEBÄUSCHCHEN! – WENN KUSCHEL-ELTERN ZU NACHGIEBIG SIND

Manche Kuschel-Eltern trauen sich kaum, etwas von ihren Kindern zu fordern oder zu erwarten. Sie neigen dazu, das Kind in Watte zu packen und vor der angeblich so bösen Welt zu schützen. Kurzum: Sie neigen dazu, ihr Kind überzubehüten. Diese Kinder können nur sehr schwer lernen, dass sie selbstwirksam sind, also über Möglichkeiten verfügen, schwierige Aufgaben selbstständig zu lösen. Sie vermeiden Herausforderungen, da sie nicht genug Selbstbewusstsein haben, diese auch meistern zu können.

Solche Kuschel-Eltern nehmen ihren Kindern auch aus Angst vor kindlichem Quengeln und lautstarken Missmutsäußerungen unangenehme Aufgaben ab: Sie schmieren ihrem Achtjährigen noch Brote, schnüren ihrer Neunjährigen regelmäßig die Schuhe zu, und tragen dem Zehnjährigen den Schulranzen, wenn der dazu keine Lust hat. Sie fragen täglich, was sie zum Essen kochen sollen und räumen ganz allein die Kinderzimmer auf. Damit machen sie sich aber zu Magd oder Diener des Kindes, die nach Lust und Laune herumkommandiert werden können. Das zerstört einerseits Respekt und Wertschätzung der Kinder gegenüber dem Erwachsenen. Andererseits übertragen solche duldsamen Kuschel-Menschen ihren Kindern eine Macht über sie, mit der die Kleinen komplett überfordert sind.

Kinder, die von Kuschel-Eltern so erzogen werden, haben meistens eine geringe Frustrationstoleranz. Sie können innere Spannungen nicht aushalten, geschweige denn selbst regulieren, werden unruhig, zappelig und nervös. Sie fühlen sich halt- und hilflos und sind zwischen Omnipotenzfantasien (»Ich beherrsche meine Eltern!«) und Ohnmachtsgefühlen (»Ich kann meine Probleme nicht selber lösen«) hin- und hergerissen.

WAS HILFT?

Machen Sie sich klar, dass Ihr Kind über mehr Fähigkeiten und Widerstandskraft verfügt, als Sie vielleicht für möglich halten. Verabschieden Sie sich von dem Glauben, Sie täten Ihrem Kind etwas Gutes, wenn Sie alle Unannehmlichkeiten dieses Lebens von ihm fernhalten. Stärken Sie zunächst Ihr Vertrauen in die Kräfte Ihres Kindes:

- Fragen Sie einmal Ihren Partner sowie Freunde und Bekannte nach den Fähigkeiten und Stärken Ihres Kindes: Sie werden staunen, was diese Ihrem Kind alles zutrauen!
- Sprechen Sie auch mit Ihrem Kind über sein Selbstwertgefühl. Was traut es sich selbst zu?
- Gibt es Probleme mit anderen Kindern oder in der Schule? Dann versuchen Sie, Ihren Beschützerinstinkt im Zaum zu halten, und hüten Sie sich vor allzu schnellen Ratschlägen: So kommt Ihr Kind selbst auf die besten Ideen, wie es sein Problem lösen kann. Und wenn es das geschafft hat, ist sein Selbstbewusstsein wieder ein Stückchen gewachsen.

FALLE 3
AGGRESSIONEN? NEIN DANKE! – WENN KUSCHEL-ELTERN DEN ZORN IHRER KINDER NICHT ERTRAGEN

Manche Kuschel-Eltern lassen ihren Kindern um des lieben Friedens willen vieles unkommentiert durchgehen. Unpassendes oder gar unverschämtes kindliches Verhalten wird entweder gepflegt ignoriert, still geduldet oder lediglich mit einem hilflosen Lachen quittiert. Solche Kuschel-Eltern scheinen unfähig zu sein, mal ordentlich durchzugreifen und dem Kind zu sagen, was es bitte zu tun oder zu lassen habe. Hinter diesem zögerlichen Verhalten liegt oft die abgrundtiefe Angst vor Liebesverlust: Denn wenn ich dem Kind Einhalt gebiete, ihm den Kopf zurechtrücke und seinem ungehörigen Tun einen Riegel vorschiebe, ziehe ich selbstverständlich seinen Zorn auf mich. Das ist nicht zu ändern, da eine logische Folge meines Handelns. Manche Kuschel-Eltern sind aber so harmoniebedürftig, dass sie diesen kindlichen Zorn nicht ertragen wollen oder können.

WAS HILFT?

Sollten Sie sich hier wiedererkennen, dann machen Sie sich klar, dass Ihr Kind nicht auf der Welt ist, um Sie zu lieben und zu bestätigen. Natürlich liebt Ihr Kind Sie, aber das tut es auch und vielleicht sogar besonders dann, wenn Sie ihm ein selbstbewusstes Gegenüber sind, das auch seine vorübergehenden Anwandlungen von Ablehnung ertragen kann. Nur so kann das Kind schließlich lernen, selbstständig und autonom zu werden – und das muss es in jedem Fall, ob dies nun Ihrem persönlichen Bedürfnis nach Symbiose entspricht oder nicht.

Aufschlussreich sind auch die Beziehungserfahrungen, die Sie selbst in Ihrer Kindheit gemacht haben:

- Durften Sie als Kind Wut und andere unangenehme Gefühle äußern oder wurde das strikt unterbunden? Wurden Sie für Zornesausbrüche mit Liebesentzug und Ablehnung bestraft?
- Hatten Sie das Gefühl, dass Ihre Eltern Ihre Gefühle ausgehalten haben? Oder mussten Sie ständig Rücksicht auf die schwachen Nerven Ihrer Mutter oder die Stimmungsschwankungen Ihres Vaters nehmen?
- Liebe und Aggressionen gehören unweigerlich zu-

sammen. Interessant in dieser Hinsicht ist das Buch *Die Tyrannei der Liebe* der französischen Psychoanalytikerin Caroline Thompson über die Ambivalenz unserer Gefühle. Auch der Kinder- und Jugendpsychiater Michael Winterhoff gibt in *Tyrannen müssen nicht sein* wertvolle Tipps, wie sich Eltern positiv von ihren Kindern abgrenzen und ihnen so in ihrer Entwicklung hilfreich sein können.

FALLE 4
DIE MÄRTYRER-FALLE – WENN KUSCHEL-MAMAS IMMER ZURÜCKSTECKEN

Wie wir gesehen haben, neigen Kuschel-Mamas dazu, ihre eigenen Wünsche und Bedürfnisse zurückzustellen. Sie wollen es zwar allen recht machen, sich selbst vergessen sie dabei aber gerne. Alle anderen sind zufrieden. Und sie sind zufrieden, weil die anderen zufrieden sind. Aber stimmt das? Fehlt da nicht etwas?

Viele Kuschel-Mütter leiden früher oder später unter dem Gefühl, sehr viel zu geben, sehr viel Liebe und Energie in die Familie zu investieren und im Verhältnis dazu zu wenig zurückzubekommen. Dankbarkeit? Pustekuchen. Alle haben sich ja längst daran gewöhnt, dass Mama immer zu Hause ist, lieb und geduldig alles sauber macht, sich alle Probleme anhört und auch sonst einfach immer zur Verfügung steht. Dass das anstrengende Beziehungsarbeit ist, die manchmal regelrecht zermürben kann, sehen viele Partner und Kinder überhaupt nicht. Kein Wunder, dass sich Kuschel-Mütter manchmal ausgebrannt fühlen oder gar ausgenutzt vorkommen.

Familien- und Erziehungsarbeit ist anstrengend und kräftezehrend. Doch ob wir bereit sind, uns der Familie zu »opfern«, entscheiden wir selber. Auch wenn die Kinder sich fröhlich daran gewöhnt haben, dass wir immer für sie da sind: Schuld sind sie nicht, wenn wir das Gefühl haben, im Leben irgendwie zu kurz zu kommen.

WAS HILFT?

Wenn Sie oft unter dem Gefühl leiden, sich auszupowern und der Akku immer leerer zu werden scheint, dann trennen Sie sich von folgenden Grundannahmen:

- Ich kann es immer allen recht machen. Ich muss mir nur genug Mühe geben.
- Ich muss immer da sein, da sonst alles zusammenbricht. Ohne mich läuft hier gar nichts.
- Die Bedürfnisse der Kinder haben immer Vorrang.
- Wenn ich mich besonders aufopfere, werde ich dafür umso mehr bewundert.
- Wenn ich anfange Grenzen zu setzen und Nein zu sagen, werde ich nicht mehr geliebt.

Setzen Sie stattdessen neue Grundsätze fest:

- Ich darf Grenzen setzen.
- Ich bin auch dann liebenswert, wenn ich nicht alles schaffe, was ich mir vorgenommen habe.
- Ich darf mich für meine Interessen einsetzen, auch wenn andere das von mir nicht kennen.
- Ich möchte gut für mich sorgen, denn ich bin es wert.

Formulieren Sie Ihre eigenen, ganz persönlichen Erlaubnissätze. Ihrer Fantasie sind dabei keine Grenzen gesetzt. Weitere Tipps, um sich aus alten und hinderlichen Gedankenmustern zu befreien, finden Sie auch in meinem Buch *Ich bin keine Supermama! Schluss mit dem schlechten Gewissen!*

FALLE 5
»FRIEDE, FREUDE, EIERKUCHEN!« – WENN KUSCHEL-ELTERN PROBLEME HERUNTERSPIELEN

Manche Kuschel-Eltern können es aufgrund ihrer psychischen Disposition oder einschlägiger Erfahrungen in der eigenen Kindheit nur schlecht aushalten, wenn es ihrem Kind schlecht geht. Es geht allen Eltern an die Nieren, wenn die Tochter Liebeskummer hat oder der Sohn unter seinen Schulproblemen leidet. Dennoch sind die meisten in der Lage, damit umzugehen und die Kleinen entsprechend zu unterstützen.

Manchen Kuschel-Eltern fällt das aber so schwer, dass sie Probleme herunterspielen, um die damit verbundenen Gefühle von Schmerz, Traurigkeit oder Hilflosigkeit schon im Vorfeld abzuwehren. Damit ist dem Kind natürlich wenig geholfen, denn es muss dann seinen Kummer hinunterschlucken und irgendwie allein damit klarkommen.

WAS HILFT?

Wenn es Ihnen extrem schwerfällt, zu sehen, dass es Ihrem Kind gelegentlich schlecht geht, beobachten Sie einmal Ihre emotionalen Reaktionen:

- Was fühlen Sie bei dem Gedanken, Ihr Kind könne sich gerade ziemlich unglücklich fühlen? Ist es Hilflosigkeit, Wut, Angst?
- Waren Sie als Kind gelegentlich unglücklich? Durften/konnten Sie es jemandem zeigen?
- Oder mussten Sie Ihre Traurigkeit, Verzweiflung oder Ihren Kummer für sich behalten? Hatten Sie

Sorgen, jemanden damit zu sehr zu belasten und wollten diese Person dann schonen?

- Haben Sie die Befürchtung, Sie seien schuld an dem Zustand Ihres Kindes? Wenn ja: Wie kommen Sie darauf? Sieht Ihr Partner/Ihre Partnerin oder ein Freund das auch so?

Manchmal passiert es auch, dass in besonders harmoniesüchtigen Familien eine Person zum Sündenbock erklärt wird: Dieser trägt dann die Schuld für alles, was in der Familie schiefläuft. Und er hat die Funktion, alle anderen zu entlasten. Wäre doch bloß nicht dieses problematische Kind, dann wäre alles so schön und harmonisch. Dass das ein Trugschluss ist, weil das ganze System an einer Abordnung zum Sündenbock mitarbeitet, wollen manche Kuschel-Eltern gar nicht sehen.

Wenn Sie einen solchen Sündenbock in der Familie haben, den Sie zum alleinigen Störfaktor in Ihrer Familie erklären, betrachten Sie diesen doch einmal in einem neuen, positiven Licht:

- Welchen wichtigen Part hat er in Ihrer Familie übernommen?
- Was tut er der Familie Gutes?
- Was würde sich innerhalb der Familie verändern, wenn er nicht mehr die Rolle des Sündenbocks innehätte?

Kuschel-Eltern sind wunderbar …
… wenn sie Familienkonflikte als Lernfelder verstehen!
Wie wir gesehen haben, neigen Kuschel-Eltern zur Idealisierung und lieben die Harmonie. Sie können gut Konflikte entschärfen und sind meistens mit einer großen Portion Sensibilität ausgestattet. Ihr Bedürfnis

nach Gerechtigkeit führt dazu, dass sie sich sehr aufmerksam mit den Bedürfnissen der anderen befassen. Oft erfassen sie diese intuitiv und sorgen schon im Vorfeld dafür, dass der Familienfriede gewährleistet ist. Sehr kompetente Kuschel-Eltern sind hervorragende Mediatoren und Konfliktlöser. Und wenn sie es darüber hinaus auch mal schaffen, lautstarken Geschwisterstreit auszuhalten und auch mal Ärger, Wut und Zorn zuzulassen, dann sind sie wunderbare Eltern.

Der Schnelltest zum Erziehungsstil:
Bestimmen Sie Ihren Animations-Faktor

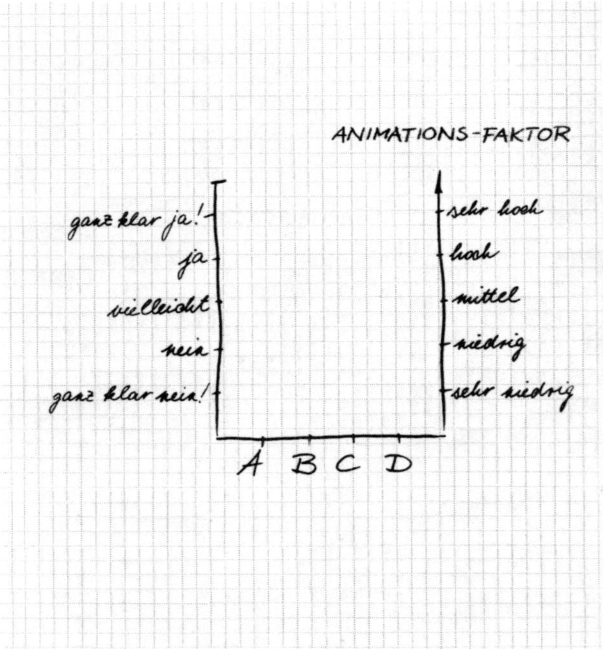

A. Lob ist in der Erziehung das Wichtigste.
B. Kinder brauchen angemessene Belohnungen.
C. Ich ermutige mein Kind oft, Neues auszuprobieren.
D. Ich sporne mein Kind gerne zu Leistung an, damit es möglichst viele Erfolgserlebnisse hat.

Das Animations-Prinzip: Motivieren, loben, belohnen

Das Erziehungs-Credo der Animations-Eltern: Anreize schaffen, Anerkennung zollen

Eltern, die in der Erziehung ihrer Kinder dem Animations-Prinzip folgen, sind hochambitionierte Mütter und Väter. Sie engagieren sich sehr für ihre Töchter und Söhne, vor allem, wenn es darum geht, sie in ihrer Leistungsfähigkeit zu unterstützen. So bringen sie ihren Kindern schon früh bei, dass es sich lohnt, etwas Neues zu entdecken und Lernfortschritte zu machen. Sie motivieren ihre Kinder von Anfang an, indem sie ihnen ganz bewusst kleinere Lernziele stecken. Im besten Falle sind diese altersgemäß und entsprechen den Bedürfnissen des Kindes. Hat das Kind diese kleinen Ziele erreicht, erntet es reichlich Bestätigung und Zuwendung. »Ganz toll hast du das gemacht!«, hört das Baby einer Animations-Mama, wenn es einen Klotz auf einen anderen stapelt oder seine ersten Schritte geht. Kleinkinder werden ausgiebig gelobt, wenn sie auf dem Töpfchen erfolgreich waren oder mit Fingerfarbe anmutig bunte Farbkleckse auf einem Stück Papier verteilt haben.

DURCH ANSPORN UND LOB ZU LERNFORTSCHRITTEN

Durch diese ausgeprägte Form der positiven Verstärkung, die sich die Animations-Eltern auf die Fahne geschrieben haben, lernt das Kind rasch, dass Mama und Papa es gut finden, wenn es bestimmte Fähigkeiten erworben oder etwas Besonderes geschafft hat. Denn dann wird es belohnt – mindestens durch die elterliche Aufmerksamkeit, Zuwendung und Bestätigung. So regen Animations-Eltern ihre Kinder immer wieder zu neuen

Experimenten an. Auf einen Baum klettern? Super! Aber bitte möglichst hoch! Ein bisschen rennen? Ja, aber natürlich so schnell es geht!

Sie sparen auch nicht mit Vorschlägen zur Leistungsmaximierung:

»Wirf den Ball mal höher/weiter/fester!« – »Toll, richtig gut war das schon!«

»Mal den Baum doch größer/grüner/bunter!« – »Guck mal, wie schön das jetzt aussieht!«

»Kannst du schon über diese große Pfütze springen?« – »Ja, super, das hat ja schon fast geklappt!«

Die Vierjährige bekommt das Fahrradfahren ohne Stützräder beigebracht, weil sie doch schon so sicher auf dem Laufrad ist und das doch nun sicher langweilig für sie wird. Der Fünfjährige, der gerade sein Seepferdchen absolviert hat, wird vom Animations-Papa ermuntert, nun doch auch mal vom Ein-Meter-Sprungbrett zu springen.

Animations-Eltern warten mit ihren Anregungen nicht unbedingt, bis das Kind von sich aus nach einem größeren Fahrrad oder dem nächsten Schwimmkurs verlangt. Denn womöglich kommt es ja von alleine gar nicht auf diese Idee? Also, so das Erziehungs-Credo der Animations-Eltern, kann es ja nicht schaden, den Kindern das ein oder andere Sport-, Spiel- oder Spaß-Angebot schmackhaft zu machen. Natürlich in der Hoffnung, dass die Kleinen dieses auch annehmen. »Wie wäre es mit einer Karate-Schnupperstunde?« – »Morgen schauen wir uns mal gemeinsam den Ballettunterricht an – vielleicht bekommst du ja Lust, dort mitzumachen?«

Sind Kopfsprung und die ersten wackeligen Meter auf dem Rad dem mutigen Kind auch nur halbwegs gelungen, hagelt es wertschätzende Worte. Denn nicht nur das formvollendete Resultat zählt, sondern natürlich besonders auch die Anstrengung und der erforderliche Mut des Kindes.

WER ERFOLGREICH SEIN WILL, MUSS FLEISSIG SEIN

Animations-Eltern mögen es, wenn die Kinder sich mutig und aktiv in neue Herausforderungen stürzen. Und wenn sie sich überwinden, Dinge zu tun, vor denen sie Respekt haben. Denn so gewinnt das Kind an Selbstvertrauen – so zumindest die Annahme der Animations-Eltern. Bei einem widerspenstigen Kind, das sich auch durch eine in Aussicht gestellte Belohnung nicht dazu verlocken lässt, seine ersten Runden auf Inline-Skates zu absolvieren oder vor den Tanten und Großeltern ein Liedchen zu singen, werden sie gelegentlich auch mal ungeduldig.

Bei Animations-Eltern steht das Leistungsprinzip hoch im Kurs. Für sie ist klar, dass kein Mensch in unserer heutigen Gesellschaft ohne ein gewisses Maß an Anstrengung Erfolg haben kann. Gleichermaßen glauben sie an das Prinzip »vom Tellerwäscher zum Millionär«: Wer nur ordentlich Leistungsbereitschaft zeigt und sich nicht scheut, Lehrgeld zu zahlen, kann es wirklich weit bringen. Dazu wollen Animations-Eltern den Grundstein legen, indem sie dem Kind beibringen, dass Erfolge ausdrücklich erwünscht und erstrebenswert sind.

Ihrer Ansicht nach ist eine Leistung, die ein Kind aufgrund seines Talents mühelos erbringen kann, zwar erfreulich, dennoch ist sie nicht gleichzusetzen mit einem Erfolg, den sich das Kind durch viel Mühe regelrecht erarbeitet hat. Natürlich finden Animations-Eltern es schön, wenn ihr Kind besonders musikalisch, sportlich oder künstlerisch begabt ist. Doch Begabung allein reicht nicht. Wenn das Kind ein besonderes Talent hat, muss es auch fleißig sein, um dieses angemessen zu entfalten. Der beste Klavierunterricht, die renommierteste Zeichenlehrerin oder der exklusivste Tennisclub sind dann gerade gut genug für das begabte Kind. Und Sohn und Tochter haben sich dann auch entsprechend Mühe zu geben. Fördern und fordern lautet eine Erziehungs-Maxime der Animations-Eltern.

Auch im Bereich Schule sind Animations-Eltern oft sehr engagiert, wobei sich dieses Engagement besonders darauf konzentriert, den Kindern zu guten Leistungen zu verhelfen. Gemeinsames nachmittägliches Hausaufgabenmachen ist für sie selbstverständlich. Ob Vokabel-Abfragen, das kleine Einmaleins oder kleinere Diktate: Animations-Eltern üben viel und engagiert mit ihren Kindern. Sie sind der festen Überzeugung, dass sie dies tun müssen, damit die Kleinen auch ihr Potenzial voll ausschöpfen können. Und das wiederum müssen sie, um später mithalten zu können.

RANKINGS ALS ORIENTIERUNGSHILFEN

So stehen Eltern auf Animations-Kurs auch meistens in regem Austausch mit den Lehrern und sind bestens informiert, was die schulische Entwicklung ihrer Kinder angeht. Denn auch Noten sind Animations-Eltern nicht gleichgültig. Sind sie nicht besonders gut, wird eben zu Hause mehr gelernt oder Nachhilfe organisiert. Und wenn sie schon ganz gut sind, so lassen sie sich hier und da durch ein bisschen Anstrengung noch verbessern.

Schulisches Lernen hat für Animations-Eltern überhaupt viel mit Üben und Fleißarbeit zu tun, das hoffentlich auch durch gute Zensuren belohnt wird. Moderne Unterrichtsformen wie das Prinzip des selbstgesteuerten Lernens im Rahmen eines Werkstatt-Unterrichts etwa sind ihnen ebenso fremd wie suspekt. Denn dort bekommt das Kind den Stoff nicht vom Lehrer vorgesetzt, sondern muss sich täglich selbst aus einem Angebot heraussuchen, was es bearbeiten möchte. Animations-Eltern trauen diesem System nicht oder zumindest nur bedingt. Sie sorgen sich: Was, wenn das Kind von sich aus nicht die Geduld aufbringt, eine wirklich kniffelige Aufgabe zu lösen? Wenn es von sich aus keinerlei Ehrgeiz entwickelt und immer nur dieselben Spiele spielt, statt endlich anzufangen, im 100er-Bereich zu rechnen? Bleibt es dann nicht dumm und hinter seinen fleißigeren Mitschülern zurück?

Animations-Eltern fürchten, dass ein Kind ohne verbindliche Vorgaben durch Erwachsene womöglich gar kein Interesse daran entwickelt, etwas leisten zu wollen. Wenn das Kind im Unterricht oder zu Hause ausschließlich das macht, wozu es »Lust« hat, so die Befürchtung, bleibt es hinter seinen Möglichkeiten zurück.

Auch die Abschaffung von Zensuren in reform-orientierten Grundschulen sehen Animations-Eltern durchaus skeptisch: Woran erkennen wir dann, ob das Kind den Leistungsanforderungen entspricht? Haben die Kinder dann überhaupt noch einen Grund, sich anzustrengen, wenn ihnen keine schlechte Note droht?

Animations-Eltern halten Bewertungsskalen, Notenspiegel und Rangfolgen für ein sinnvolles pädagogisches Instrument. Denn damit können sie die Leistung ihrer Kinder schnell überblicken. Welchen Platz belegt der Sohn beim Judoturnier? Auf welchem Rang landet die Volleyball-Mannschaft der Tochter? Wie viele Zweien gab es in der Mathe-Arbeit noch? All das zu wissen ist Animations-Eltern wichtig. Auch wenn sie im besten Fall nicht zwangsläufig frustriert sind, wenn ihr Kind schlechter abgeschnitten hat als erhofft.

Ganz anders als beispielsweise die Bullerbü-Eltern schicken Animations-Eltern ihre Kinder auch gerne in Wettbewerbssituationen wie Castings oder Gesang-Contests. Animations-Eltern sind nicht der Meinung, dass sie ihre Kinder in Watte packen müssen. Schließlich sollen sie ja schon möglichst früh lernen, das Beste zu geben, sich gut zu präsentieren, zu zeigen, was sie draufhaben. Das brauchen sie später auch, um im Beruf erfolgreich zu sein. Und wenn es eben nichts wird, na und? Beim nächsten Casting kann es doch klappen.

BELOHNUNG FÜR BESONDERE LEISTUNGEN

Weigert sich ein Kind hartnäckig, sich vom Dreimeterbrett ins tiefe Wasser zu stürzen, respektieren das tolerante Animations-Eltern natürlich: »Sie ist doch noch zu klein.« Oder: »Dann eben nächstes Mal, versprochen?«, heißt es dann. So ganz geben sie die Hoffnung eben nicht so schnell auf.

Es kommt aber auch häufig vor, dass Animations-Eltern dem Trotzkopf eine kleine Belohnung in Aussicht stellen, damit er seinen Unmut doch noch überwindet. Ein versprochenes Menü im Fast-Food-Laden oder der in Aussicht gestellte Besuch im Zoo soll natürlich keine Bestechung sein, sondern ein Anreiz, die Unlust, Faulheit oder auch Angst zu überwinden. Denn hat das Kind erst mal seinen inneren Schweinehund erfolgreich bekämpft, wird es danach sicher stolz auf sich selbst sein. »Das habe ich toll gemacht!«, wird es sich sagen und nur so strotzen vor erstarktem Selbstbewusstsein. Das erhoffen sich Animations-Eltern zumindest.

Viele Animations-Eltern sind der Überzeugung, dass Kinder manchmal ihre Angst und Bequemlichkeit einfach überwinden müssen, um Erfolgserlebnisse zu haben. Und das gegebenenfalls eben auch mal gegen ihren Willen. Wer nicht wagt, der nicht gewinnt – so das Motto. Und Faulheit und Mangel an Engagement lassen Animations-Eltern ohnehin nicht als gute Gründe gelten.

Deshalb winken Animations-Eltern auch gelegentlich mit materiellen Belohnungen: Mal mit einem dicken Eis, wenn der Zweitklässler das schwierige Zusatz-Rechenpaket gelöst hat; mit einem neuen Computer-Spiel, wenn der Neunjährige beim Schwimmwettbewerb den zweiten Platz belegt hat. Und schließlich mit dem Scheck für den Führerschein, wenn die Durchschnittsnote im Abiturzeugnis stimmt.

Eltern mit hohem Animations-Faktor halten Fleiß und Ausdauer für außerordentlich nützliche Fähigkeiten, die sie ihren Kindern schon recht früh antrainieren. Regelmäßiges Sporttraining mit Wettkampfcharakter ist dafür natürlich ein schönes Lernfeld. Denn Sport ist ja bekanntlich nicht nur gesund: Dabei lernt man neben Teamfähigkeit auch Disziplin, Fairness und Durchhaltevermögen. Es fördert den Ehrgeiz. Und die Lust, Konkurrenten auszustechen. Kurzum: Man lernt, gewinnen zu wollen. Und das ist doch das, was Animations-Eltern für ihre Kinder wollen: Sie sollen auf jeden Fall später einmal zu den Gewinnern in der Gesellschaft gehören. Die Vorstellung, ihre Kinder könnten später beruflich oder privat scheitern, also im weitesten Sinne »versagen«, ist für alle Eltern ein bedrohliches Szenario, für Animations-Eltern aber nahezu unerträglich.

KÄMPFEN IST GUT, GEWINNEN NOCH BESSER

Deshalb halten sie Ehrgeiz und Mut für positive Eigenschaften, die sie bei den Kindern schon recht früh wecken wollen. Und die auch entsprechend honoriert und gefördert werden.

So erntet Töchterchen entsprechend viel Aufmerksamkeit, wenn sie etwa in der Theater-AG die begehrte Rolle der schönen Prinzessin spielen darf. Da näht Mama gerne das opulente Kostüm, macht ihr immer wieder Mut (»Du wirst das ganz wunderbar machen!«) und probt zu Hause ausgiebig die Rolle mit ihr. Ist es dann endlich so weit und das Mädchen rezitiert auf der Bühne tapfer den mühevoll auswendig gelernten Text, so geht Animations-Mamas und -Papas geradezu das Herz auf. Tränen der Rührung sind mitunter nicht zu verhindern. Auf jeden Fall ist dem Mädchen der elterliche Applaus gewiss. Und unbändiger Stolz. Auf ihre begabte und mutige Tochter, aber natürlich auch ein kleines bisschen auf sich selbst, die sie ja eine so wunderbare Tochter zustande gebracht haben.

Auch Söhnchen wird regelmäßig lautstark beim Fußballspielen angefeuert: Besonders Animations-Väter jubeln bei jedem guten Schuss und noch mehr bei einem Tor. Wer jemals bei einem Nachwuchs-Turnier dabei war, weiß, wie enthusiastisch sich Animations-Mütter und -Väter verausgaben können. Selbst dann, wenn es sich nur um ein Freundschaftsspiel gegen das Nachbardorf handelt. Manchen Mini-Kickern sollen ihre allzu euphorisch applaudierenden Eltern übrigens peinlich sein …

Da Animations-Eltern den sportlichen Wettkampf für eine tolle Möglichkeit halten, Kinder auf das Leistungs- und Wettbewerbsprinzip unserer Gesellschaft vorzubereiten, freuen sie sich, wenn ihre Kinder leidenschaftlich um Tore, Punkte und Meister-Titel kämpfen. Doch am meisten freut es Animations-Eltern, wenn Sohn oder Tochter dann doch endlich mal den heiß ersehnten und wohlverdienten Pokal in den Händen halten.

Kinder, die ja grundsätzlich das Bedürfnis haben, bei ihren Aktivitäten und Bemühungen um Erfolg gesehen und unterstützt zu werden, haben es mit Animations-Eltern richtig gut. Und reflektierte Animations-Eltern wissen ja auch, dass sie sich vor Übertreibung hüten müssen, damit die Kinder nicht zu sehr unter Druck geraten und nicht aus lauter Abhängigkeit von Mamas Applaus und Papas Gejubel sich immer zu neuen Rekorden getrieben fühlen.

Was Animations-Eltern besonders wichtig ist

- → Lernanreize für die Kinder schaffen
- → Ermutigung, Neues auszuprobieren
- → Ansporn zu Leistungen, insbesondere sportlichen
- → Hilfestellung, den »inneren Schweinehund« zu überwinden, um Erfolgserlebnisse zu ermöglichen und Selbstbewusstsein zu fördern
- → Viel Lob und Anerkennung bei Lernfortschritten
- → Angemessene Belohnung des Kindes bei besonderen Leistungen oder Bemühungen
- → Fleiß und Leistungsbereitschaft als notwendige und zu fördernde Eigenschaften

Kleiner Konstitutions-Check: »Keinen Bock mehr auf Ballett!« – Sind Sie eine Mutter mit hoher Animations-Kompetenz?

Wenn Sie wissen wollen, ob Sie einen hohen Animations-Faktor haben, können Sie mal folgenden kleinen Test machen. Stellen Sie sich vor, Ihre achtjährige Tochter ist seit ein paar Wochen zum Ballettunterricht angemeldet. Bisher ist sie immer gerne hingegangen und hatte viel Spaß dabei. Eines Tages weigert sie sich jedoch hartnäckig, dorthin zu fahren. Kurz vor dem Aufbruch sagt sie aus scheinbar heiterem Himmel: »Ich will nicht da hin, ich habe heute keine Lust!« und verschränkt trotzig die Arme.

Wie reagieren Sie?

ERSTE REAKTIONSMÖGLICHKEIT: FRAGLOS AKZEPTIEREN, ZU HAUSE BLEIBEN

Obwohl Sie sehr erstaunt über die heftige Gegenwehr Ihrer Tochter sind, geben Sie ihrer Stimmung nach und sind einverstanden. »Gut, wenn du keine Lust hast, dann bleiben wir eben hier!« Schließlich soll ein Hobby Spaß machen und nicht in Stress ausarten.

Durchaus nachvollziehbar. Wir haben ja auch mal keine Lust, zum Sport oder zum Chor zu gehen. Warum also Zwang anwenden? Hat Ihre Tochter bzw. Ihr Sohn nur manchmal keine Lust, geht aber ansonsten gerne hin, kann das ja auch einfach Zeichen einer gesunden Selbsteinschätzung sein: Vielleicht ist die Schule gerade besonders anstrengend oder das Kind fühlt sich überfordert. Dann ist es sicher gut, ein »Ich will aber heute nicht« zu respektieren. Kommt es allerdings häufiger vor, stellt sich die Frage, ob Ihr Kind das jeweilige Hobby überhaupt noch mag. Oder ob es womöglich Konflikte mit dem Trainer oder anderen Kindern gibt.

Wenn Sie allerdings immer kritiklos auf die Launen Ihres Kindes eingehen, geben Sie ihm damit viel Raum und Macht. Vielleicht fragen Sie auch mal nach dem Grund der Unlust Ihrer Tochter: »Hat dich jemand geärgert?« – »Hat dich das letzte Mal etwas gestört?« – »Geht es dir nicht gut?« – »Ist es dir zu anstrengend?« Je nach Grund der Unlust könnte man dann immer noch entscheiden, was nun zu tun wäre: ein Gespräch mit der Tochter über ihre Erlebnisse oder mit der Tanzlehrerin. Oder über den eigentlichen Grund der schlechten Laune.

ZWEITE REAKTIONSMÖGLICHKEIT: SICH DURCHSETZEN, HINFAHREN

Sie ärgern sich. Erst will sie unbedingt, bei dieser teuren Tanzschule angemeldet werden und dann hat sie plötzlich keine Lust mehr! Sie sehen nicht ein, der Lust und Laune Ihrer Tochter einfach so nachzugeben. Und dann noch dieser trotzige Unterton! »Da bist du nun angemeldet, wir bezahlen den Unterricht, dann gehst du da auch bitte regelmäßig hin! Pack deine Sachen und komm!« Widerwillig holt Ihre Tochter ihre Tasche.

Das ist eine typische Chef-Eltern-Reaktion. Und auch eine verständliche. Schließlich kann es ja tatsächlich sein, dass die Lust dann während der Ballettstunde zurückkehrt. Manchen Kindern fällt es einfach schwer, sich von einem Spiel oder von einem Buch loszureißen und sich auf den Weg zu machen, sie haben aber dann vor Ort doch richtig viel Spaß. In diesem Fall ist eine solche elterliche Reaktion sicher ratsam. Merkt man, dass dem Kind der Kurs oder die Sportart sichtlich keine Freude mehr bereitet, kann man es ja immer noch abmelden.

Trotzdem wäre auch in diesem Fall eine Nachfrage sicherlich ratsam. »Warum möchtest du denn heute nicht dorthin gehen?« Vielleicht gibt es ja einen konkreten Grund, über den man reden sollte.

DRITTE REAKTIONSMÖGLICHKEIT: KOMPROMISS FINDEN

Sie sind erstaunt, weil Sie den Eindruck hatten, dass der Ballettunterricht Ihrer Tochter bisher sehr viel Spaß gemacht hat. »Willst du nur heute nicht oder hast du überhaupt keine Lust mehr?«, fragen Sie. »Hm, weiß nicht«, murmelt Ihre Tochter, »die sind alle so doof da.« – »Okay, dann machen wir es so: Heute gehst du nochmal hin, ich gucke zu, und danach überlegen wir, ob du weitermachen willst oder nicht. Einverstanden?« Ihre Tochter zögert einen Moment, nickt dann aber und holt ihre Tasche.

Sie respektieren die Laune der Tochter, ohne sie zu problematisieren. Durch das Angebot, beim Ballettunterricht zuzuschauen, bieten Sie ihr einerseits eine Art »Rückendeckung« und Schutz. Andererseits bekommen Sie so die Möglichkeit, sich selbst ein Bild davon zu machen, was Ihre Tochter möglicherweise an den anderen so blöd findet. Eine geschickte Lösung – wenn sie der Tochter denn gefällt.

Eine weitere Variante wäre, die Tochter selbst eine Kompromiss-Lösung entwickeln zu lassen, wie es etwa Coach-Eltern machen würden. Das Mädchen käme dann vielleicht auf ganz andere Ideen, zum Beispiel heute zu pausieren, sich bis nächste Woche Gedanken zu machen, ob sie noch weiterhin Ballett machen möchte, eine Freundin zu fragen, ob sie beim Ballett vielleicht mitmachen möchte, sich nach einem anderen Ballettkurs umzusehen etc. Kinder sind meistens sehr fantasievoll, wenn es darum geht, Probleme zu lösen. Man muss sie nur nach ihren Ideen fragen.

VIERTE REAKTIONSMÖGLICHKEIT: ANNEHMEN, VERSTEHEN WOLLEN

Sie bleiben ruhig und fragen Ihre Tochter, was denn los sei. »Ich hatte den Eindruck, dass du gerne Ballett tanzen möchtest. Nun wundere ich mich, dass du heute so gar keine Lust zu haben scheinst. Kannst du mir sagen, wie das kommt?« Sie druckst ein bisschen herum. Geduldig warten Sie auf eine Antwort. Schließlich platzt es aus ihr heraus: »Ach, die Mädchen da sind irgendwie alle so doof. Ich will da einfach nicht mehr hin!« Tränen stehen ihr in den Augen. »Du wirst ja ganz traurig. Was ist denn passiert, was dich so traurig macht?« – »Ach, das letzte Mal haben sie alle gelacht, als ich hingefallen bin.« – »Oh«, sagen Sie verständnisvoll, »das hat dich sicher sehr gekränkt.« – »Ja, das war voll gemein.« Ihre Tochter weint und schmiegt sich an Sie. Sie sagen: »Nun kann ich gut verstehen, dass du keine Lust hast, heute zum Ballettunterricht zu gehen.« Ihre Tochter schluchzt ein paar Minuten und seufzt anschließend tief. Dann streckt sie sich und sagt: »Aber ich hab eigentlich jetzt doch Lust, noch hinzufahren.« – »Bist du sicher?«, fragen Sie. Sie überlegt noch eine Weile und sagt dann: »Ja, ich möchte gerne tanzen gehen. Und vielleicht sind sie je heute nicht mehr so doof zu mir.«

Eine klassische Reaktion der Selbsterfahrungs-Eltern. Durch Verständnis und Einfühlung ist eine Situation entstanden, in der das Mädchen seinen Gefühlen Ausdruck verleihen darf und seine Entscheidung neu überdenken kann. Natürlich kann es sein, dass das Kind trotzdem nicht mehr zum Ballettunterricht gehen will, obwohl es sich angenommen fühlt. Kompetente Selbsterfahrungs-Eltern wollen aber durch ihr Verhalten die Entscheidung ihrer Kinder nicht in irgendeine Richtung beeinflussen. Ihnen geht es nur darum, die Gefühle des Kindes zu akzeptieren. Ihre Meinung und ihr eigenes Interesse stellen sie dann einfach zurück.

FÜNFTE REAKTIONSMÖGLICHKEIT: ANERKENNEN, KLEINE BELOHNUNG IN AUSSICHT STELLEN

Sie akzeptieren durchaus, dass Ihre Tochter keine Lust hat. Das kennt jeder. Und Sie sagen das auch: »Ich kenne das auch, dass man manchmal keine Lust hat.« Da Sie aber meinen, dass auch Ihre Tochter lernen muss, diesen »inneren Schweinehund« zu überwinden, möchten Sie, dass sie auch heute hingeht. Und außerdem hat sie sich durch die Anmeldung zu einer regelmäßigen Teilnahme verpflichtet: »Aber ich finde, da du jetzt angemeldet bist, solltest du auch heute bitte am Unterricht teilnehmen.« Sie sichern sich allerdings vorher ab, dass es keinen wirklich wichtigen Grund gibt, wie etwa eine Krankheit oder Schmerzen. »Geht es dir nicht gut?« – »Doch, ich hab nur keine Lust!« – »Also was hältst du davon: Wir packen jetzt deine Sachen, fahren zum Ballettunterricht, ich hole dich dann wieder ab, und dann gehen wir noch zusammen das T-Shirt kaufen, das wir eigentlich erst nächste Woche besorgen wollten. Bist du damit einverstanden?«

Je nachdem, wie groß die Unlust oder der innere Widerstand gegen das Tanzen an sich oder die Stimmung dort ist, wird Ihre Tochter jetzt zustimmen oder immer noch ablehnen. Jedenfalls könnte das eine typische Animations-Idee sein: Das Kind durch ein nettes Versprechen dazu zu verlocken, seine momentane Antriebslosigkeit zu überwinden. Solange sich das Kind auf solche Motivations-Tricks einlässt, kann das gut funktionieren. Allerdings durchschauen sie später die oft dahinter stehende Absicht und lassen sich nicht mehr so leicht »ködern«. Ihr Widerstand wird dann umso stärker, je weniger sie tatsächlich an dem Sport oder Hobby interessiert sind.

Dispositionen: Wofür Animations-Eltern manchmal anfällig sind

FALLE I
ZU VIEL DES GUTEN? WENN ANIMATIONS-ELTERN ZU VIEL LOBEN

Animations-Eltern halten Lob und Anerkennung für ein wichtiges Element in der Erziehung, wenn nicht sogar für das wichtigste. Durch positive Verstärkung lernt das Kind, welches Verhalten erwünscht ist. So weit, so gut. Doch manche Animations-Eltern übertreiben es mit dem Loben: Sie zeigen sich von jedem winzigen Entwicklungsschritt übermäßig begeistert und überschütten das Kind geradezu mit Komplimenten. Manche loben ihre Kinder auch immer wieder für Selbstverständlichkeiten. Kinder gewöhnen sich dann daran, dass sie für jede noch so kleine Handreichung ein dickes Lob abstauben. Irgendwann tun sie auch vieles nur noch, um dieses Lob als Form der Aufmerksamkeit einheimsen zu können. Malt etwa ein Mädchen immer wieder dasselbe Motiv, für das sie bereits mehrmals eine kleine Lobeshymne geerntet hat, dann könnte das ein Zeichen sein, dass sie eben dieses Lob wieder bekommen möchte. Malen wird bei vielen Mädchen dann zum Mittel zum Zweck: Sie malen nicht mehr unbedingt, weil es ihnen einfach Spaß macht und sie sich selbstvergessen dem kreativen Prozess hingeben können, sondern, um Mama und Papa zu gefallen und Bestätigung einzuheimsen. Bei Jungen übernimmt der Sport oft diese Funktion.

Eine ganz andere Möglichkeit, auf ein selbstgemaltes Bild zu reagieren, besteht darin zu fragen: Was hast du denn da gemalt? Gefällt es dir selbst? Wie kamst du denn auf diese Idee, das zu malen? Willst du es an die Wand über dein Bett hängen?

Eine Bemerkung wie etwa »Super, dein Bild!« kann schließlich auch ein Zeichen von Ignoranz sein. Man betrachtet das Bild nur schnell und oberflächlich und sagt: »Schön!« Für Kinder, die zeichnerisch nicht so begabt sind, kann es übrigens sehr frustrierend sein, wenn das Geschwisterkind ständig Komplimente erntet, während seine eigenen bildnerischen Bemühungen wenig Würdigung erfahren. Insofern kann eine weniger begeisterte, aber konkretere Wertschätzung des Gemalten oder Gebastelten für alle Kinder das wirksamere Kompliment sein. Und überhaupt: Geht es tatsächlich darum, dass das Werk eines Kindes schön zu sein hat? Geht es nicht eher um den Prozess des Kreativ-Seins, des Sich-Ausdrückens, des Ausprobierens? Sollte es nicht einfach Spaß machen? Müssen wir das Resultat dann überhaupt bewerten? Übrigens ist auch hochkarätige Kunst selten im üblichen Sinne »schön«.

WAS HILFT?

Wenn Sie auch dazu neigen, Ihr Kind sehr oft und überschwänglich zu loben, bedenken Sie folgendes:

- Vermeiden Sie Allgemeinplätze wie: »Tolles Bild! Super!« Schöner ist es für ein Kind, wenn Sie konkret benennen, was Ihnen gefällt: »Die Sonne auf dem Bild ist dir ja wirklich besonders gut gelungen.« – »Du hast viele verschiedene Farben benutzt. Ich finde es schön, dass dein Bild so bunt geworden ist!«
- Sprechen Sie beim Lob auch möglichst von sich: »Mir gefällt das sehr, dass du das Auto knallrot gemalt hast.« – »Du hast dir sehr viel Mühe gegeben, das sehe ich!« Ihr Kind will vor allen Dingen wissen, was Sie empfinden. Mit allzu allgemeinen Aussagen kann es nicht viel anfangen.
- Loben Sie Ihr Kind nur für etwas Besonderes bzw. wenn es sich ein bisschen Mühe gegeben hat. Für ein liebloses, in zwei Sekunden hingeschmiertes Gekrakel ist eine überbordende Lobesrede wohl etwas übertrieben. Damit machen Sie sich bei Ihrem Kind eher unglaubwürdig.

- Loben Sie auch altersangemessen. Dass es etwas Besonderes ist, wenn ein Einjähriges über einen kleinen Stock hüpft, kann ja sein. Ein Dreijähriges für dasselbe zu loben, wäre einigermaßen merkwürdig.
- Vermeiden Sie Festschreibungen und Idealisierungen: »Du bist bestimmt die beste Zeichnerin der ganzen Klasse«, »Du bist ja so eine Super-Sportskanone« oder »Ist ja klar, dass du eine so gute Note geschrieben hast, intelligent wie du bist.« Solche Kommentare führen dazu, dass die Kinder diesen hochgesteckten Erwartungen dann immer zu entsprechen versuchen. Diese hohen Erwartungen an sich selbst können dem Kind nachhaltig die Lust am Malen, am Sport oder an Mathe verleiden.
- Loben Sie Ihr Kind nur dann, wenn das Lob ganz aufrichtig ist und Ihren wahren Gefühlen entspringt. Loben Sie niemals, nur um zu loben oder einfach mal wieder etwas Nettes zu sagen. Auch damit setzen Sie Ihre Glaubwürdigkeit aufs Spiel.

FALLE 2
NOCH BELOHNT ODER SCHON VERWÖHNT? WENN ANIMATIONS-ELTERN ES ÜBERTREIBEN

Einige Animations-Eltern neigen dazu, ihre Kinder materiell zu verwöhnen, indem sie ihnen unangemessene Belohnungen versprechen. Dass das Kind dafür dann eine Gegenleistung zu erbringen hat, ist klar. Eine gute Note schreiben, auf ein Geschwisterkind aufpassen oder ein gutes Fußballspiel absolvieren: Wer daran gewöhnt ist, mit großen oder vielen Geschenken bedacht zu werden, wenn er etwas geleistet hat, kann sich womöglich

über den Sieg oder Erfolg an sich gar nicht mehr recht freuen. Gute Arbeit, Hilfsbereitschaft oder sportliches Engagement sind nur noch Mittel zum Zweck. »Was krieg ich dafür?«, lautet die Frage, die man zu hören bekommt, wenn man solche Kinder um einen Gefallen bittet.

Es ist schön, Kindern bei Gelegenheit einfach mal eine kleine Belohnung zukommen zu lassen, warum nicht? Solange es nicht zur Gewohnheit wird oder überdimensionale Ausmaße annimmt, wird das den Charakter eines Kindes wohl kaum verderben. Schwierig wird es, wenn an große Versprechungen zu hohe Leistungsanforderungen geknüpft werden: Wer einer leistungsschwachen Realschülerin ein Pferd verspricht für den Fall, dass sie ein Zweier-Abitur macht, setzt sie damit ziemlich unter Druck. Für eine gute Gymnasiastin wäre das Ziel deutlich leichter zu erreichen. Diese bräuchte allerdings wiederum auch keinen Lernanreiz, da ihre Zensuren ohnehin schon gut sind.

WAS HILFT?

Wenn Sie Ihr Kind gelegentlich für eine Bemühung oder einen besonderen Erfolg belohnen wollen, berücksichtigen Sie dabei folgende Punkte:

- Das Kind muss prinzipiell in der Lage sein, die Leistung, die es erbringen soll, auch schaffen zu können. Setzen Sie ihm keine zu hohen, unerreichbaren Ziele, denn dann ist der Frust vorprogrammiert.
- Die in Aussicht gestellte Belohnung muss individuell angemessen sein, d.h. es sollte etwas sein, das sich das Kind auch wirklich wünscht. Besonders schön sind auch gemeinsame Unternehmun-

gen wie Ausflüge, Kinobesuche oder eine Paddeltour.

- Achten Sie darauf, dass die Belohnung nicht zur Regel wird. Eine kleine Tüte Gummibärchen »ausnahmsweise« nach besonders lästigen Hausaufgaben kann Wunder wirken, ist aber zum Dauergebrauch nicht zu empfehlen. Dann lieber nach getaner Arbeit gemeinsam ein Buch lesen oder gemütlich einen Tee zusammen trinken.
- Belohnen Sie nur dann, wenn Ihr Kind das Ziel auch selbst erreichen will.
- Benutzen Sie eine Belohnung nicht, um Ihr Kind zu bestechen oder zu erpressen. Sie stürzen es damit in große Konflikte.

FALLE 3
WIR SIND JA SO STOLZ AUF DICH! WENN ANIMATIONS-ELTERN STOLZ MIT LIEBE VERWECHSELN

Es ist schön, wenn Kinder ihre Eltern mit Stolz erfüllen. Eltern genießen es, wenn der Sohn ein kleiner Gitarren-Virtuose ist und Töchterchen eine ehrgeizige und erfolgreiche Tennisspielerin. Es erfüllt sie mit Stolz und Freude. Und auch die Kinder freuen sich natürlich, dass die Eltern sich freuen.

Doch Kinder, die ihre Animations-Eltern mit Stolz erfüllen, tragen damit auch eine große Last. Denn sie fühlen sich irgendwann dazu verpflichtet, ihre Eltern auch weiterhin mit Stolz zu erfüllen. Die Leistungen erbringen sie dann nicht mehr nur für sich oder weil es ihnen Spaß macht, sondern auch und insbesondere, um Mama und Papa glücklich zu machen.

WAS HILFT?

Animations-Eltern, die sehr stolz auf ihre Kinder sind,

sollten gelegentlich über ihren Stolz auf die Kinder nachdenken und ihre Haltung kritisch überprüfen:

- Was macht Sie so stolz? Ist es Ihnen sehr wichtig, stolz auf Ihr Kind sein zu können? Warum ist Ihnen das so wichtig?
- Was passiert, wenn Sie nicht stolz auf Ihr Kind sein können? Ist dann auch ein Teil Ihrer Zuneigung verschwunden?
- Können Sie Ihr Kind auch bedingungslos lieben, ohne stolz auf es zu sein, etwa, wenn es ihm schlecht geht oder es eine Niederlage einstecken musste?
- Empfinden Sie die Leistungen Ihres Kindes als Bestätigung Ihrer elterlichen Bemühungen? Sind Sie auch stolz auf sich?
- Sind Ihre Kinder denn auch stolz auf sich selbst und ihre Leistungen? Wenn nicht: Wie kommt das?

FALLE 4
DIE ANERKENNUNGS-FALLE: WENN ANIMATIONSKINDER ETWAS LEISTEN MÜSSEN, UM GELIEBT ZU WERDEN

Es ist ein Grundbedürfnis des Menschen, um seiner selbst willen geliebt zu werden. Besonders Kinder brauchen diese Erfahrung, um ein stabiles Selbstwertgefühl aufbauen zu können: Wenn Eltern sich einfach freuen, dass dieses kleine Menschenkind da ist, und es einfach so sein darf, wie es ist, dann erfährt das Kind, dass es bedingungslos angenommen wird. Je kleiner die Kinder sind, desto leichter fällt Eltern das.

Fühlt sich das Kind prinzipiell angenommen, dann kann es auch schon mal miese Laune haben, eine schlechte Note schreiben oder einfach mal Mist bauen, ohne dass es fürchten muss, die Zuneigung der Eltern zu verlieren.

Manche Animations-Eltern merken selbst gar nicht, dass ihre Zuneigung zu den Kindern stark von deren Verhalten und Leistung abhängt. Oder sie finden es vielleicht selbstverständlich, dass man ein erfolgreiches Kind lieber mag als ein durchschnittlich oder mäßig begabtes.

Merkt ein Kind aber, dass es immer bestimmte Leistungen zu erbringen hat, um die gewünschte Aufmerksamkeit und Akzeptanz zu bekommen, fühlt es sich permanent in der Bringschuld: Es muss beweisen, dass es die elterliche Liebe auch wert ist. Wer schon als Kind das Gefühl hat, immerzu bestimmte Leistungen erbringen zu müssen, um geliebt zu werden, wird auch später im Leben vieles tun, um sich die Zuneigung der anderen zu verdienen. Und das ist anstrengend.

WAS HILFT?

Wenn Sie merken, dass es Ihnen sehr viel leichter fällt, ein erfolgreiches Kind zu mögen als das eher weniger erfolgreiche, möglicherweise problematische Geschwisterchen, dann prüfen Sie doch einfach mal, woher das kommen könnte:

- Fürchten Sie, selbst schuld daran zu sein, wenn Ihr Kind ein bestimmtes Ziel nicht erreicht? Reflektieren Sie: War das Ziel vielleicht zu hoch gesteckt? Dann revidieren Sie Ihre Ansprüche.
- Versuchen Sie, Liebe und Leistung voneinander abzukoppeln. Kinder sind einfach unterschiedlich. Das Schnellere und Selbstbewusstere ist nicht liebenswerter als das Langsame und Schüchterne.

- Wenn ein Kind in der Schule schlechte Noten schreibt, obwohl es zu besseren durchaus in der Lage wäre, könnte das ein (dem Kind selbst nicht unbedingt bewusster) »Liebes-Test« sein: »Mama und Papa, mögt ihr mich auch, wenn ich mal schlechte Leistungen bringe?« Auch wenn es schwerfällt: Arbeiten Sie an Ihrer Haltung. Ein Kind soll sich Liebe nicht verdienen müssen. Weder durch permanentes Wohlverhalten, sportliche oder künstlerische Höchstleistungen noch durch gute Zensuren.
- Übrigens müssen Kinder auch gar nicht immer »geliebt« werden. Gerade in problematischen Zeiten sind Respekt und Achtung vor dem Kind viel wichtiger als überschwängliche Zuneigung. Denn Liebe kann bei Enttäuschung schnell kippen.

FALLE 5
HÖHER, WEITER, SCHNELLER: WENN ANIMATIONS-ELTERN ZU EHRGEIZIG SIND

Wie wir gesehen haben, sind Animations-Eltern oft anspruchsvolle Eltern, die ihre Kinder gleichermaßen fördern und fordern. Da kann es schon mal passieren, dass sie etwas über das Ziel hinausschießen und zu hohe Erwartungen an ihre Kinder stellen. Wer von vornherein plant, dass das Kind später zur sportlichen, intellektuellen oder wirtschaftlichen Elite des Landes zählen soll, muss dafür schon früh die Weichen stellen. Der bilinguale Kindergarten und eine frühe Förderung der sportlichen, musischen und kognitiven Fähigkeiten sind dann der erzieherische Mindeststandard, dem die Kinder ausgesetzt werden. Warum nicht, wenn es den Kindern Spaß macht und es ihnen gut dabei geht?

Doch oft steht im Mittelpunkt der elterlichen Bemühungen nicht das Kind als individuelles Wesen mit Stärken und Ängsten, sondern umgekehrt wird das Kind so geformt, dass es später möglichst die Erwartungen der Eltern erfüllen kann. Das erfolgreiche Kind – der ganze Stolz seiner Eltern.

Eine solche, oft übrigens auch unbewusste Erwartungshaltung kann Kinder ziemlich unter Druck setzen. Kinder spüren die Erwartungen – auch wenn sie unausgesprochen sind, vielleicht dann sogar besonders. Und sie wollen sie erfüllen, soweit es geht. Sind die Anforderungen aber zu hoch, bleibt nur noch Frust oder Verweigerung. Und dann wird es für Kinder von Animations-Eltern schwierig.

WAS HILFT?

Wenn Sie merken, dass auch Sie recht hohe Ansprüche an Ihre Kinder stellen, dann reflektieren Sie doch bei Gelegenheit, woher das kommt und was Sie damit verbinden. Die folgenden Fragen können Ihnen dabei helfen:

- Haben Sie das Gefühl, dass das Kind Sie bzw. Ihre Familie repräsentiert? Haben Sie Sorge, dass Nachbarn, Bekannte oder Lehrer Ihre Erziehungskompetenz in Frage stellen könnten, wenn Ihr Kind nur mäßige Leistungen erzielt?
- Wenn ja: Wie kommen Sie auf die Formel »gute Erziehung = leistungsstarkes Kind«? Sie können die wunderbarste Mutter der Welt sein, und Ihr Sohn hat trotzdem keine Begabung für Mathe oder Sport. Ist doch nicht Ihre Schuld!
- Kann es sein, dass Sie oder Ihr Partner selbst etwas im Leben nicht erreicht haben, sich insge-

heim aber wünschen, dass Ihr Kind das erreichen könnte, zum Beispiel einen bestimmten Schulabschluss, ein Studium, einen hohen gesellschaftlichen Status? Könnte es sein, dass Ihre hohen Anforderungen daher rühren?

- Was wäre das Schlimmste, was passieren könnte, wenn Ihr Kind »versagt«? Was ist Ihre schrecklichste Vision?
- Und: Ist diese Schreckensvision wirklich realistisch? Oder hat diese Befürchtung weniger mit Ihrem Kind als mehr mit Erfahrungen in Ihrer Herkunftsfamilie zu tun? Wenn Sie das nicht wissen: Fragen Sie in Ihrer Herkunftsfamilie nach. Meistens nähren sich Ängste nicht nur aus der Gegenwart, sondern auch aus der Vergangenheit.

Animations-Eltern sind wunderbar …
… wenn sie ihren Kindern nicht zu ehrgeizige Ziele stecken!

Animations-Mütter und -Väter sind oft aufmerksame und ambitionierte Eltern. Sie spornen ihr Kind zum Lernen und zu Leistung an. Sie loben, unterstützen und bestätigen dafür aber auch viel. Allerdings nur, wenn das Kind das gesteckte Ziel auch erreicht bzw. sich wirklich darum bemüht hat. Animations-Eltern halten Erfolgserlebnisse für einen wichtigen Motor im Leben und finden Belohnungssysteme sehr nützlich. Sie sind wunderbar hilfreiche und unterstützende Eltern, wenn sie die Zuneigung zu ihren Kindern nicht von deren Erfolgen und Leistungen abhängig machen und mit ihnen nicht zu ehrgeizige Pläne verfolgen.

Der Schnelltest zum Erziehungsstil:
Bestimmen Sie Ihren Selbsterfahrungs-Faktor

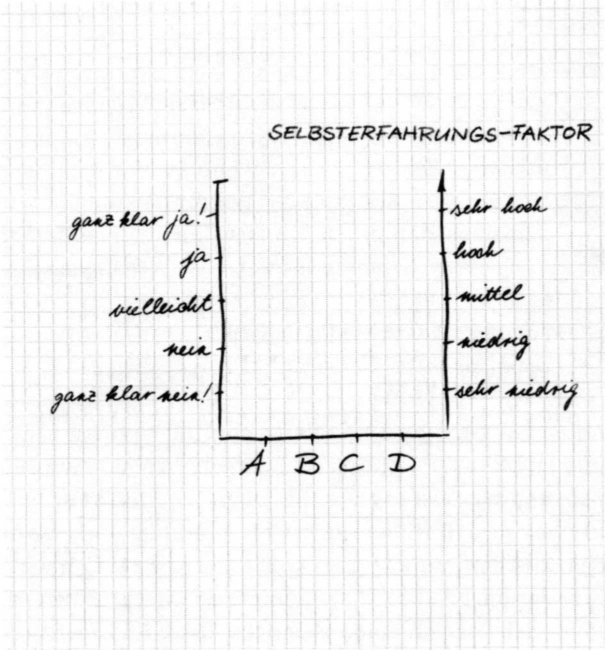

A: Erziehung ist für mich eine Art spirituelle Disziplin.

B: Eltern wachsen gemeinsam mit ihren Kindern.

C: Einfühlungsvermögen ist in der Erziehung wichtiger als pädagogisches Know-how.

D: Auf Achtsamkeit in meinem Familienleben lege ich besonderen Wert.

Der Selbsterfahrungs-Weg: Erziehung als emotionales Abenteuer

Das Erziehungs-Credo der Selbsterfahrungs-Eltern: Achtsam und authentisch sein

Eltern, die den Selbsterfahrungs-Weg eingeschlagen haben, legen besonderen Wert auf innere Werte und emotionale Tiefe in ihren Familienbeziehungen. Sie lassen sich nicht blenden von schnöden Oberflächlichkeiten und äußerlichen Erfolgen. Vielmehr sind sie dauerhaft auf der Suche nach einem tieferen Verständnis für sich und ihre Kinder. Denn das »Sein« ist für sie wichtiger als der Schein. Es geht um die Besinnung auf das Wesentliche, also um die Konzentration auf das, was das Wesen des Menschen ihrer Ansicht nach wirklich ausmacht. Das ist für viele eine Art »göttliche Kraft«, eine innere Weisheit, eine tiefe Liebe und Verbundenheit mit der Welt. Diese Kraft, die laut Selbsterfahrungs-Gurus jeder in sich trägt, gilt es zu entdecken. Das kann harte Arbeit bedeuten, da sie oft unter dicken Schichten von Befürchtungen, Ängsten und Gewohnheiten begraben zu sein scheint.

Dabei hängen Selbsterfahrungs-Eltern keineswegs der Illusion einer heilen Welt an. Im Gegenteil: Sie können Schwierigkeiten sehr klar sehen und verstehen sie im besten Fall als wichtigen Stolperstein in ihrem Leben, an dem sie wachsen und reifen können. Besonders in krisenhaften Phasen des Familienlebens geben sich Eltern mit hohem Selbsterfahrungs-Faktor Mühe, sich auf das Wesentliche zu konzentrieren. Die zentrale Frage lautet dann immer wieder: »Was ist *jetzt* wirklich wichtig?«

Zu dieser Besinnung auf das Wesentliche gehört, sich mit den vielfältigen Anforderungen der Gesellschaft bewusst auseinanderzusetzen und sich auch in gewissem Maße davon abzugrenzen. Leistungsdruck, Konkurrenzdenken, Schönheitskult, Magerwahn, Konsumorientierung und mediale Dauerberieselung sind für Menschen auf dem Selbsterfahrungs-Trip zwar ebenso allgegenwärtig spürbar wie für alle anderen Eltern auch. Sie versuchen aber, ihre Erziehungshaltung nicht allzu sehr davon beeinflussen zu lassen. Sie wollen ihren ganz eigenen spirituellen Weg finden, um ihn gemeinsam mit ihren Kindern zu gehen.

Menschen im Selbsterfahrungs-Modus trotzen oft dem hektischen gesellschaftlichen Zeitgeist, indem sie sich beispielsweise komplett dem Medienkonsum verweigern oder sich einem vollwertigen Bio-Leben verschreiben. Ebenso weigern sich Selbsterfahrungs-Eltern oft, kritiklos dem pädagogischen Zeitgeist zu folgen und jeden erzieherischen Modetrend mitzumachen. So halten es viele Selbsterfahrungs-Eltern für selbstverständlich, ihre Kleinkinder im gemeinsamen Familienbett unterzubringen oder Säuglinge so lange zu stillen, wie diese das wollen – auch wenn Ärzte und andere Experten mittlerweile wieder davon abraten. Auch lassen sie sich nicht von prominenten TV-Pädagoginnen vorschreiben, ihrem schreienden Kind eine Auszeit auf der »stillen Treppe« zu verordnen: Für sie ist Wut ein Ausdruck energetischer Entladung, die das Kind zur Wiederherstellung seiner inneren Balance braucht. Warum – so die Haltung von Selbsterfahrungs-Eltern – sollte man es dafür wegschicken oder damit allein lassen?

Auch von oberflächlicher pädagogischer Bespielung

und Bespaßung halten Menschen mit Selbsterfahrungs-Anspruch nicht sonderlich viel. Wichtig ist für sie das ehrliche sich aufeinander Beziehen, also ein herzlicher, offener und authentischer Kontakt zwischen Erwachsenen und Kindern. Sich zumindest gelegentlich auf einer tieferen Ebene zu begegnen, über Wesentliches miteinander zu sprechen und sich emotional nahe zu sein, ist für sie weitaus wichtiger, als gemeinsame mehr oder weniger belanglose Freizeitaktivitäten zu unternehmen. Wobei das eine das andere nicht ausschließt.

Engagierte Selbsterfahrungs-Eltern wissen allerdings auch, dass emotionale Nähe nicht von allein entsteht und auch kein Dauerzustand sein kann. Vielmehr entwickelt sich das Gefühl der tiefen Verbundenheit aus einer annehmenden und gütigen Grundhaltung heraus, die man sich im Alltag immer wieder neu erarbeiten muss.

WEISHEIT, GÜTE, INNERE KRAFT – BESINNUNG AUF DAS WESENTLICHE

Auch wenn materielle Sicherheit und soziale Anerkennung Selbsterfahrungs-Eltern durchaus wichtig sind, so bedeuten ihnen doch innere Werte wie Menschlichkeit, Güte und Weisheit mehr als äußerliche Statussymbole wie etwa ein schickes Auto oder eine durchgestylte Wohnungseinrichtung. Denn Wohlbefinden und innere Ausgeglichenheit sind für Selbsterfahrungs-Eltern der eigentliche Wohlstand: Seelische Gesundheit, Glücksfähigkeit und Lebendigkeit sind nicht abhängig von Geldbeutel oder sozialem Status. Sich auf seine Innerlichkeit zu besinnen, seine Kinder aufmerksam zu betrachten und liebevoll anzunehmen, kostet nichts. Aber es erfordert Anstrengung und Übung. Und ein nicht zu unterschätzendes Maß an Menschenliebe.

Auch wenn Selbsterfahrungs-Eltern sich geistig über den alltäglichen Wahnsinn unserer hochdiffusen Informationsgesellschaft hinwegsetzen und sich sehr bewusst mit Spiritualität beschäftigen, sind sie weder zwangsläufig weltfremd noch hippiemäßig oder extrem esoterisch. Auch wenn sicherlich Öko-Mamas in selbstgefilzten Hausschuhen und Yogi-Papas mit Rastazöpfen unter den Selbsterfahrungs-Eltern weilen: Immer mehr ganz »normale« Angehörige der Mittelschicht suchen Rat, Hilfe und Geborgenheit in fernöstlichen Lebensweisheiten. Genervt oder gar krank geworden von unserem hektischen, rastlosen Leben, in dem sie irgendwann das Gefühl beschlich, dass es da doch noch etwas anderes geben muss als Arbeit, Kinder, Haushalt; inspiriert von Yoga-Kursen, spirituellen Büchern, Meditationsübungen, Therapien oder Selbsterfahrungsgruppen: Viele Menschen versuchen, zu ihrer inneren Stärke zurückzufinden, die sie im stressigen Alltagsgewusel zu verlieren glauben. Doch oft geht es um mehr als nur darum, wieder Energie für den Alltag zu gewinnen. Es geht um Sinnsuche jenseits der Wirtschaftsmaschinerie und dem Wettlauf um Geld und Erfolg. Es geht darum, sich bewusster zu spüren, sich auf das zu konzentrieren, was einem selbst wichtig ist, statt reflexartig auf Ansprüche von außen zu reagieren.

Selbsterfahrungs-Eltern versuchen so, innerlich ein Gegengewicht zu den äußerlichen Rahmenbedingungen zu schaffen: Lieber fühlen und wirklich lieben als immer nur funktionieren. Mit dieser Grundhaltung das irdische Leben bestmöglich meistern zu können, das wünschen sie sich für sich selbst, aber natürlich auch für ihre Kinder.

Eltern, die den Selbsterfahrungs-Weg gehen, legen Wert darauf, in Einklang mit sich, ihren Kindern, anderen Menschen, der Natur und am liebsten gleich auch noch mit dem gesamten Kosmos zu leben. Dabei heißt Einklang nicht immer nur Friede, Freude, Eierkuchen. Im Einklang zu sein bedeutet vielmehr, eine tiefe innere Verbundenheit zu spüren – und zwar nicht nur dann, wenn unser Leben ohnehin gerade wunderbar harmonisch verläuft, sondern besonders dann, wenn es sehr weltliche Baustellen zu bearbeiten gilt. Zum Beispiel, wenn es heißt, Krisen meistern und Konflikte lösen zu müssen. Und das kommt im Familienleben ja bekanntlich häufiger vor.

Eltern, die der Selbsterfahrungs-Riege angehören, verstehen das Leben mit Kindern als spirituelle Berufung und als spannenden Lernprozess. Sozusagen als Fluss, der mal ruhig vor sich hinfließt, an mancher Klippe Wellen schlägt und mitunter zum reißenden Strom werden kann. Sich auf diese Reise zusammen mit den Kindern zu begeben, ist für Selbsterfahrungs-Menschen ein intensiver Abenteuertrip mit allen denkbaren Höhen und Tiefen. Sie gehen davon aus, dass sie mit ihren Kindern wachsen und durch die täglichen erzieherischen Herausforderungen reifen.

Denn – so die weise Erkenntnis der Selbsterfahrungs-Eltern – Kinder spiegeln uns. Entweder sie imitieren uns, übernehmen unsere unliebsamen Verhaltensweisen und führen unsere eigenen Argumente gegen uns ins Feld. Oder sie machen uns unsere kleineren oder größeren Unzulänglichkeiten deutlich, indem sie rebellieren, sich verweigern oder uns mit handfesten Vorwürfen bombardieren. So oder so zwingen Kinder ihre Eltern, sich mit sich selbst zu beschäftigen. Spätestens in der

Pubertät treffen die Jugendlichen mit unheimlicher Zielsicherheit unsere wunden Punkte. Für Mütter und Väter mit hohem Selbsterfahrungs-Anspruch ist das kein Grund zur Panik, sondern vielmehr ein weiterer Ansporn, über sich zu reflektieren und sich innerlich weiterzuentwickeln. Während andere Eltern an diesen Punkten verzweifeln, finden Eltern auf dem Selbsterfahrungs-Trip gerade die heiklen Phasen mit ihren Kindern »echt spannend«.

ACHTSAMKEIT: KONZENTRIERT IM HIER UND JETZT

Eine wichtige Methode, um dem hektischen Getrieben-Sein im Alltag nicht permanent ausgeliefert zu sein, ist für Menschen mit Selbsterfahrungs-Anspruch die Achtsamkeit. Achtsam zu sein bedeutet, sich auf den momentanen Augenblick zu konzentrieren, ohne ihn zu bewerten. Einfach wahrzunehmen, was ist, ohne sofort den Zustand verändern zu wollen. Und diesen Moment und alles, was er bietet, anzunehmen.

Wer jemals versucht hat, sich selbst und seine Umwelt wahrzunehmen, ohne gleich ein Urteil darüber zu fällen, weiß, wie schwer das ist. Und wer quengelige Kinder oder verbal angriffslustige Jugendliche beherbergt, weiß auch, wie schwer es sein kann, diesen liebevoll und mit innerer Zuwendung zu begegnen. Genau das haben sich die Selbsterfahrungs-Eltern aber vorgenommen: Emotional aufgewühlte Kinder nicht allein zu lassen, sondern ihnen durch Annahme und Einfühlung zu zeigen, dass sie in Ordnung sind – auch wenn sie sich »daneben benehmen«. Dabei geht es nicht darum, aggressive kindliche Ausbrüche passiv oder kommentarlos über sich ergehen zu lassen. Kompetente Selbsterfahrungs-Eltern setzen durchaus Grenzen, legen Wert auf Fairness und Freundlichkeit. Dennoch geben sie sich alle Mühe der Welt, den Grund für die Verhaltensweisen der Kinder herauszufinden und zu verstehen. Sind die Ursachen für Wutausbrüche oder Tränen nicht offensichtlich oder vielfältig, so gehen Eltern mit Selbsterfahrungs-Hintergrund zumindest davon aus, dass das Kind einen Grund dafür hat – auch wenn die Erwachsenen diesen nun gerade nicht kennen. Keinesfalls – so die Ansicht der Selbsterfahrungs-Fraktion – reagieren die Kinder aus Bosheit oder anderen niederen Motiven heraus. Der Glaube an das Liebenswerte, ja sogar das Heilige oder Göttliche im kleinen und großen Erdenbürger ist bei Selbsterfahrungs-Menschen unerschütterlich.

Der Anspruch, achtsam zu sein, ist hoch. Deshalb gehen die Selbsterfahrungs-Anhänger auch davon aus, dass man sich Achtsamkeit nicht einfach als Haltung zulegen kann, sondern dass man sich darin täglich üben und schulen muss. Dazu gehören kleinere Meditationsübungen, aber auch einfach die Lust, ganz und gar im Hier und Jetzt präsent sein zu wollen, ohne sich den Augenblick durch Zeitdruck, Zukunftsangst oder andere negative Gedanken kaputt machen zu lassen.

EINFÜHLUNG STATT ERZIEHUNG

Viele Selbsterfahrungs-Eltern halten Kindererziehung für eine mindestens 18-jährige Achtsamkeitsmeditation, in der es stets darum geht, das Wesen des Kindes wahrzunehmen und es aus tiefstem Herzen anzunehmen.

Empathiefähig zu sein ist für Selbsterfahrungs-Eltern ohnehin das Schlüsselelement ihres Erziehungsstils. Wenn sie denn überhaupt »erziehen«, denn auch mit diesem Begriff hadern Selbsterfahrungs-Eltern oft. Sie lehnen die Vorstellung ab, das Kind in eine bestimmte Richtung zu er»ziehen«. Sie legen Wert darauf, dass sich das Wesen des Kindes ganz und gar entfalten kann. Damit ist allerdings nicht nur gemeint, dass es seine Talente entdecken darf und entsprechend gefördert werden soll. Es geht um emotionale und spirituelle Entfaltung: Das Kind soll die ganze Palette seiner Gefühle und Stimmungen erleben und auch zeigen dürfen, kritisch nach Sinn und Unsinn fragen dürfen und auch sonst alles äußern, was es so bewegt.

Es ist leicht, ein Kind mit liebevoller Aufmerksamkeit zu betrachten und von ganzem Herzen anzunehmen, wenn es freundlich, lieb und fröhlich ist. Auch kranken und leidenden Kindern fliegen unsere mitfühlenden Herzen zu. Zur Kunst wird die Achtsamkeitshaltung erst, wenn Kinder und Jugendliche es durch aufsässiges oder provokatives Verhalten ihren Eltern geradezu schwer bis unmöglich machen, sie bedingungslos zu lieben. Doch gerade in diesen Krisenphasen erwarten Selbsterfahrungs-Eltern von sich ein Höchstmaß an Einfühlungsvermögen, Verständnis und liebevoller Präsenz.

Nicht, dass sich Kinder von Selbsterfahrungs-Eltern hemmungslosen Gewaltausbrüchen hingeben dürften: Auf ein friedliches Miteinander wird besonderer Wert gelegt. Dennoch erlauben Selbsterfahrungs-Eltern ihren Kindern ausdrücklich, Wut, Zorn und Trauer zum Ausdruck zu bringen. Sie fördern dies, indem sie ihre Kinder verbal spiegeln und ihnen so zu zeigen versuchen, dass sie auch in Momenten großer emotionaler Not gesehen werden.

Ein Beispiel hierzu: Die vierjährige Lena protestiert lautstark, weil sie aus dem Wasser kommen soll. Sie wehrt sich mit Händen und Füßen, das Schwimmbecken zu verlassen. Was andere Eltern nun als »Theater« abtun würden, erkennen geschulte Selbsterfahrungs-

Eltern sofort als Ausdruck kindlicher innerer Not. So tröstet die Selbsterfahrungs-Mutter nun nicht etwa: »Ist doch nicht so schlimm, wir können ja nächstes Wochenende wiederkommen«, und schon gar nicht herrscht sie ihr Kind an mit Worten wie: »Nun heul doch nicht so laut«. Sie sagt vielmehr einfühlsam: »Ich sehe, dass du ganz traurig bist, weil du aus dem Wasser kommen musst. Du würdest sicher lieber noch gerne hier plantschen und deinen Spaß haben.« Lena jault noch einmal laut auf, nickt dann mit dem Kopf und fällt der Mutter um den Hals.

Das Kind fühlt sich dann nicht nur *wahr*genommen, denn die Mutter hat ihre Gefühle gespürt, richtig interpretiert und sogar laut ausgesprochen. Es fühlt sich auch *an*genommen, weil die Mutter sich nicht emotional von ihr distanziert, sondern sich ihr gerade im Moment ihrer emotionalen Aufgelöstheit liebevoll zuwendet. Dieses Kind lernt, dass es in Ordnung ist, traurig, enttäuscht und wütend zu sein. Dadurch wiederum lernt es, mit heftigen Gefühlen umzugehen. Und gleichermaßen, sich selbst anzunehmen, wie es ist. Und das ist eines der wichtigsten Erziehungsziele der Selbsterfahrungs-Eltern.

Was Selbsterfahrungs-Eltern besonders wichtig ist

→ Achtsamkeitsprinzip: Präsent sein, ohne zu bewerten
→ Annahme als Ausdruck von Liebe
→ Authentizität in der Beziehung statt pädagogischem Bespielen und Bespaßen
→ Einfühlung statt Erziehung
→ gemeinsames Wachsen mit den Kindern
→ emotionale und spirituelle Entfaltung der kindlichen Persönlichkeit als Erziehungsziel

- → Güte und Mitgefühl als Haltung sich selbst und den Kindern gegenüber
- → Stärkung der Souveränität des Kindes

Kleiner Konstitutions-Check: Die Hass-Attacke – Wie groß ist Ihr Selbsterfahrungs-Potenzial?

Nun können Sie testen, ob Sie zu der Fraktion der Selbsterfahrungs-Eltern gehören:

Stellen Sie sich vor, Ihre sechsjährige Tochter kommt von der Schule nach Hause und äußert den Wunsch, Pfannkuchen zu Mittag zu essen. Sie haben aber bereits eine leckere Bio-Lasagne vorbereitet. »Nein, heute gibt es keine Pfannkuchen.«, sagen Sie freundlich. Die Miene Ihres Kindes verfinstert sich bedrohlich. »Du bist doof, ich hasse dich!«, schreit es daraufhin und entschwindet wutentbrannt in sein Zimmer.

ERSTE REAKTIONSMÖGLICHKEIT: UMDISPONIEREN, PFANNKUCHEN BACKEN

Sie sind zutiefst erschüttert, dass Ihr Kind sich so sehr Pfannkuchen wünscht und Sie ihm diesen Wunsch nicht erfüllen können. Rasch gehen Sie Ihrem Kind hinterher und versprechen, ihm einen Extra-Pfannkuchen zu backen.

Dieser Reaktion liegt der Wunsch zugrunde, das Kind möge bitte recht schnell wieder friedlich sein. Und Sie wollen sich möglichst schnell wieder geliebt fühlen.

Dieser Wunsch ist nachvollziehbar. Wenn Sie zu dieser Reaktion neigen, machen Sie sich allerdings schnell zum Spielball der Launen Ihres Kindes. Sie könnten vielleicht einmal über folgende Punkte nachdenken:

- ➢ Können Sie die Vorstellung schlecht ertragen, dass Ihr Kind Sie nicht permanent liebt? Woher kommt das? Bedenken Sie: In jeder intensiven Beziehung gibt es neben Liebe und Vertrauen auch Wut und Aggressionen. Sie sind kein Zeichen mangelnder Zuneigung. Im Gegenteil: Nur da, wo sich Kinder emotional sicher fühlen, können sie ihre Gefühle auch offen zeigen.

- Wie kommt es, dass Sie so sehr auf die Zuwendung Ihres Kindes angewiesen sind? Fürchten Sie, eine schlechte Mutter zu sein, wenn Ihr Kind Sie gelegentlich aus tiefstem Herzen doof findet? Finden Sie nicht auch gelegentlich eine Ihnen nahestehende Person herzlich blöd, zum Beispiel Ihren Partner, Ihre Mutter oder eine gute Freundin? Und haben Sie sie nicht trotzdem lieb? So geht es Ihrem Kind vielleicht auch gerade.

ZWEITE REAKTIONSMÖGLICHKEIT: HINUNTERSCHLUCKEN, ÜBERGEHEN

Sie sind überrascht von dieser heftigen Reaktion und müssen erst einmal schlucken. Sie versuchen aber, Haltung zu bewahren. »Das hat er/sie bestimmt nicht so gemeint«, denken Sie. Oder: »Was ist dem Kind denn für eine Laus über die Leber gelaufen?« Sie fühlen sich nicht schuldig, denn Sie haben ja nichts Falsches getan. Sie warten, bis Ihr Kind sich beruhigt hat und bitten es dann freundlich zu Tisch.

Diese Reaktion wirkt äußerlich zwar souverän, weil Sie die offensichtliche Anfeindung Ihres Kindes scheinbar gelassen zur Kenntnis nehmen. Allerdings handelt es sich hier auch um eine Selbstschutzreaktion: Sie machen sich unverletzbar, indem Sie das Problem emotional von sich wegschieben. Sie spielen das Geschehen herunter, spüren nichts mehr. Und auch Ihr Kind bleibt mit seinen heftigen Gefühlen allein.

- Wenn Sie so reagieren, bedenken Sie, dass Ihr Kind sich in einem emotionalen Ausnahmezustand befindet und auf eine Reaktion hofft. Es will beachtet werden, auch in seiner momentanen Ablehnungshaltung. Manchmal ist Kindern eine wütende Reaktion lieber als gar keine.
- Spüren Sie mal nach: Was würde passieren, wenn Sie den Schmerz zuließen, den der Satz »Ich hasse dich« in Ihnen auslöst?

DRITTE REAKTIONSMÖGLICHKEIT: TADELN UND VERBIETEN

Sie sind entsetzt und tief gekränkt. Da geben Sie sich solche Mühe mit der Lasagne und dann so etwas! Empört gehen Sie zu Ihrem Kind und verbieten ihm, so mit Ihnen zu reden. »Was fällt dir ein! So redet man nicht mit seinen Eltern! Ich will so etwas nie wieder hören!«

Eine verständliche Reaktion. Wer möchte schon aus vermeintlich nichtigem Grund gehasst werden? Wer hat das verdient? Wohl niemand. Natürlich wollen wir nicht, dass unsere Kinder so mit uns reden. Sie tun es aber eben manchmal. Und vielleicht haben sie ein ernst zu nehmendes Motiv, das wir nicht sehen wollen?

- Bevor Sie Ihrem Kind den Mund verbieten, sollten Sie in sich hineinhorchen: Was hat es eigentlich zum Ausdruck gebracht? Hasst es mich wirklich? Ist es nur sauer? Alles nur wegen eines Pfannkuchens? Das sollte Sie stutzig machen. Und neugierig auf das, was sich möglicherweise hinter dem Satz »Ich hasse dich« in Wirklichkeit verbirgt. Vielleicht suchen Sie doch mal das Gespräch?

VIERTE REAKTIONSMÖGLICHKEIT: ANALYSIEREN UND AUSHANDELN

Natürlich könnten Sie das Ganze auch pragmatisch angehen und das Problem analytisch lösen. Nachdem sich der erste Schrecken gelegt hat, gehen Sie hinter Ihrem Kind her und erklären ihm in Ruhe, warum es heute keinen Pfannkuchen gibt, versprechen ihm aber, dass Sie morgen welche backen werden. Ist Ihr Kind für Ihre Argumente zugänglich und zeigt sich mit diesem Kompromiss einverstanden, ist für Sie das Thema erledigt. Selbstverständlich halten Sie sich an Ihre Zusage, denn was Sie versprechen, das halten Sie auch.

Wenn Sie den Konflikt so lösen, argumentieren Sie auf der Sachebene und klären das Ganze »vernünftig«. Für den Pfannkuchen-Appetit Ihres Kindes ist das prima. Und es ist auch prima, dass es für seine heftigen Gefühlsäußerungen nicht ausgeschimpft wird. Sein Bedürfnis, eine Rückmeldung auf der Gefühlsebene zu bekommen, kommt allerdings zu kurz.

➢ Wenn Sie dazu neigen, alles unter dem Gesichtspunkt der Vernunft zu verstehen, gehören Sie sicherlich zur Schlauberger-Fraktion. Üben Sie sich ein wenig in der hohen Kunst der Empathie. Darin sind Eltern mit Selbsterfahrungs-Hintergrund wahre Meister. Von ihnen können Sie sich hier noch ein wenig abgucken.

FÜNFTE REAKTIONSMÖGLICHKEIT: ERNST NEHMEN UND ANNEHMEN

Nachdem Sie Ihre Irritation und den Schmerz, den diese Worte in Ihnen verursacht haben, bewusst gespürt haben, halten Sie ein wenig inne. Sie wissen, dass das nun Ihre Gefühle sind. Sie wissen auch, dass das Kind nicht für diese Gefühle verantwortlich ist, sondern diese in Ihnen nur ausgelöst hat. Was Sie jedoch nicht genau wissen, ist, was das Kind dazu gebracht hat, solche drastischen Worte zu benutzen. Da Sie Ihr Kind mit diesen heftigen Wallungen nicht im Stich lassen wollen, suchen Sie den Kontakt zu ihm und sprechen es darauf an: »Du bist aber ganz schön sauer, dass es heute keine Pfannkuchen gibt. Und dabei hast du dir so doll gewünscht, dass ich welche für dich mache.« Das Kind nickt. »Ich verstehe, dass du enttäuscht bist. Ich bin auch manchmal enttäuscht, wenn ich nicht das bekomme, was ich mir wünsche.« Sofort rückt das Kind damit heraus, dass es sich schon an diesem Morgen über Sie geärgert habe, weil Sie es so angeschrien hätten, und überhaupt seien Sie ja immer viel mehr mit der kleinen Schwester beschäftigt als mit ihm. »Oh«, sagen Sie ruhig, »ich sehe, dass du noch aus anderen Gründen auf mich sauer bist. Du hast das Gefühl, dass ich mich mehr um deine kleine Schwester kümmere als um dich. Das macht dich traurig und wütend.« Das Kind nickt wieder. »Und du wünschst dir, dass ich mehr Zeit für dich habe?« – »Ja.« – »Das kann ich gut verstehen, denn ich hatte in der letzten Zeit wirklich viel um die Ohren und konnte mich nicht so um dich kümmern, wie ich das gerne getan hätte.« Die Sechsjährige seufzt. »Aber eigentlich esse ich auch gerne Lasagne«, meint sie beiläufig und wendet sich wieder dem Buch zu, in dem sie geblättert hat. Der vermeintliche Hass hat sich durch ein paar annehmende und verstehende Sätze in Luft aufgelöst.

Wunderbar! Das sind Achtsamkeit und Annahme in Reinkultur! Wenn Sie in der Lage sind, zumindest ab und zu auf diese oder ähnliche Weise zu reagieren, sind Sie auf dem Selbsterfahrungs-Weg schon recht fortgeschritten!

Dispositionen: Wofür Eltern mit hohem Selbsterfahrungs-Faktor manchmal anfällig sind

FALLE I
KINDER UND ANDERE LICHTWESEN – DER ESOTERISCH VERKLÄRTE BLICK

Immer mehr gut situierte Menschen halten Feng Shui, Ayurveda, Reiki und Yoga für seriöse Möglichkeiten, ihr Leben angenehmer zu gestalten. Doch manchmal landen Frauen und Männer auf ihrer Sinnsuche direkt in der Esoterik-Ecke – übrigens oft nach schwierigen Lebensphasen oder psychischen Krisen.

Wenn es Erwachsenen irgendwie hilft, Edelsteine zu sammeln, sich von Geistheilerinnen auspendeln oder von Hellseherinnen Tarot-Karten legen zu lassen, so ist dagegen nichts einzuwenden. Ob Kräutertees oder Engelessenzen, Klangschalenmeditation oder Astrologie: Was soll das schaden, wenn es das Leben der Menschen zu bereichern scheint?

Nicht ganz unproblematisch scheint mir allerdings die Tendenz zu sein, Kinder aufgrund ihrer natürlichen Sensibilität zu heiligen Lichtwesen oder zu weisen Boten des Universums zu verklären. Ihnen außergewöhnliche Fähigkeiten – etwa eine übersinnliche Wahrnehmung – zu unterstellen, könnte ihre kindliche Selbsteinschätzung nachhaltig erschweren. Denn wie soll sich ein Kind ganz »normal« entwickeln, wenn ihm schon in der Wiege nachgesagt wird, es sei ein Wesen des »neuen Zeitalters«, das durch und durch erleuchtet sei? Denn dann soll es ja etwas Besonderes sein und werden. Die Erwartungen an dieses kleine Wesen sind dann so unermesslich hoch, dass es fast nur scheitern kann. Eine schwere Hypothek für kleine Kinder!

WAS HILFT?

In Bezug auf die Kindererziehung sind esoterische Elemente weder grundsätzlich verwerflich noch problematisch. Dennoch gibt es einiges zu bedenken:

Wenn Sie esoterisch angehaucht sind, sollten Sie sich gelegentlich fragen: Welche Überzeugungen vermittle ich meinen Kindern? Tue ich so, als seien dies allgemeingültige Erkenntnisse und Wahrheiten? Oder stelle ich klar, dass es hierbei um meine persönliche Sichtweise geht?

Sagen Sie lieber »Ich glaube an Gott/Engel/eine innere Weisheit« anstatt »Es gibt einen Gott/Engel/eine innere Weisheit«. So bringen Sie Ihre Überzeugung zum Ausdruck, überlassen es jedoch Ihrem Kind, sich eine eigene Meinung zu bilden.

Gestatten Sie Ihren Kindern, anders zu denken und sich lautstark gegen einen esoterischen Weg zu entscheiden, so wie auch religiöse Menschen ihren Kindern zwar die Rituale und Werte ihrer Glaubensgemeinschaft nahebringen können, ihnen aber ab einem gewissen Alter die Entscheidung darüber überlassen sollten, ob sie weiterhin diesen Glauben leben oder sich von ihm abwenden möchten.

FALLE 2
»ICH SPÜRE, WAS DU SPÜRST!« – VORSICHT VOR FEHLINTERPRETATIONEN

Manchmal glauben geschulte Selbsterfahrungs-Eltern, sie könnten sich so besonders gut in ihre Kinder einfühlen, dass sie deren Gefühle immer intuitiv erspüren. Das stimmt auch oft, wenn Eltern intensiven Kontakt und emotionalen Zugang zu ihrem Kind haben. Meistens reicht dazu auch der sogenannte gesunde Menschenverstand.

Wer aber immer zu wissen glaubt, was das Kind empfindet und warum es in einer bestimmten Situation auf eine bestimmte Weise reagiert, könnte dabei eigene Befürchtungen und Fantasien in die Tochter oder den Sohn hineinprojizieren. Hier lauert die Gefahr, nicht mehr genau hinzuschauen und das Kind aus dem Fokus der liebevollen Betrachtung zu verlieren. Denn je mehr man davon überzeugt ist, das Kind gut zu kennen, desto eher besteht die Möglichkeit, eine Entwicklung zu übersehen oder bestimmte Gefühlsausdrücke falsch zu interpretieren.

WAS HILFT?

Gehen Sie davon aus, dass Sie Ihr Kind jeden Tag ein bisschen neu kennenlernen müssen. Selbst wenn Sie wiederholt ähnliche Erfahrungen mit ihm gemacht haben, legen Sie es nicht auf bestimmte Verhaltensmuster fest. Bleiben Sie neugierig und offen: Kinder verändern sich entwicklungsbedingt rasch. Grundsätzlich gilt: Wir kennen andere Menschen meistens viel weniger gut, als wir glauben. Das gilt insbesondere für Partner(innen) und Kinder.

Gehen Sie auch davon aus, dass Ihre Interpretation möglicherweise nicht ganz stimmt. Das bedeutet nicht, dass Sie Ihr Kind schlecht kennen, sondern dass etwas Neues geschehen ist, sich etwas verändert hat. Fragen sind hier die besten Instrumente, um Vermutungen zu bestätigen oder auszuschließen.

Halten Sie sich mit Interpretationen zurück, solange Sie nicht mit dem Kind gesprochen haben. Oder seien Sie sich zumindest dessen bewusst, dass es sich lediglich um Ihre persönliche Einschätzung der Gefühlslage Ihres Kindes handelt, nicht aber um ein gesichertes Wissen.

Respektieren Sie, dass Ihr Kind nicht immer über sein Innerstes sprechen will. Besonders in der Teenager-Zeit geht es darum, eine ausgewogene Balance zwischen elterlicher Präsenz und angemessener Distanz herzustellen. Vielleicht muss man sich auch ganz prinzipiell mit dem Gedanken anfreunden, dass man nicht immer wissen kann, wie es dem Kind gerade geht, sondern eben nur gelegentlich. Das sind dann die Highlights emotionaler Verbundenheit.

FALLE 3
STERNZEICHEN & CO – VORSICHT VOR FESTSCHREIBUNGEN

Manche Selbsterfahrungs-Eltern neigen dazu, ihrem Kind allzu schnell allgemeingültige spirituelle Etiketten aufzukleben. Ein gutes Beispiel hierfür sind die Sternzeichen. Manche Mütter sind felsenfest davon überzeugt, dass ihr Krebs-Töchterchen eine besonders sanftmütige Kreatur mit einer zarten Seele ist oder das Kind so stolz und stark wirkt, weil es im Tierkreiszeichen des Löwen geboren wurde.

Und dennoch: Es gibt natürlich Fische-Kinder, die wunderbar malen und zeichnen können, obwohl man den Sinn für Künstlerisches vor allem der Waage nachsagt. Und wenn es heißt, dass der Zwilling viel Aufmerksamkeit braucht, so gilt das womöglich für alle anderen kleinen Kinder auch.

Man kann an Sternzeichen glauben oder nicht, ein allzu starrer Umgang damit vernebelt manchmal den Blick auf die anderen Eigenschaften des Kindes. Das Krebs-Mädchen wird genauso viel Power entwickeln können, wie der Löwe-Junge seine sensible Seite entdecken kann. Vorausgesetzt, wir haben ihnen nicht eingetrichtert, dass ihr Charakter von den Sternen vorherbestimmt ist. Wer immer hört, wie zart und sensibel er sei, wird seine starken und aggressiven Gefühle vielleicht zu negieren beginnen. Und wer dauernd hört, wie störrisch er sei, wird sich alsbald mit dieser Zuschreibung identifizieren.

Außerdem lassen sich bestimmte Verhaltensweisen auch anders erklären als durch die Sterne. Nie reagiert ein Kind ausschließlich trotzig oder traurig, weil es in einem bestimmten Tierkreiszeichen geboren wurde; immer hat sein Verhalten auch etwas mit uns, seinen Geschwistern oder anderen Menschen aus seiner Umgebung zu tun. Dies sollten Eltern stets berücksichtigen, bevor sie das Kuschelbedürfnis des Kindes mit einem Spruch wie »Typisch Stier« quittieren oder ein betrübtes Kind damit trösten, dass es eben nun mal ein sensibler Fisch sei. So nimmt man dem Kind die Freiheit, auch mal anders zu reagieren. Sein Verhalten ist quasi vorherbestimmt, festgeschrieben. »Ich bin halt so« ist jedoch oft eine schöne Ausrede für alle, die keine Lust haben, sich selbstkritisch zu reflektieren. Diese Haltung sollten wir Kindern weder vorleben noch anerziehen.

WAS HILFT?

Seien Sie vorsichtig mit Aussagen wie »Der ist schon immer so störrisch gewesen« oder »Sie ist eben eine ganz Zarte«. Auch wenn diese Beobachtungen in gewisser Hinsicht stimmen mögen, so sind sie doch gleichermaßen falsch. Denn niemand ist ausschließlich stur oder zart, stark oder schwach. Und schließlich gilt es, möglichst alle Facetten einer Persönlichkeit zu entdecken. Oder zumindest wäre es wichtig, von vorneherein damit zu rechnen, dass Ihr Kind auch noch Attribute hat, die Sie möglicherweise nicht sehr deutlich wahrgenommen haben. Das stellen Eltern schnell fest, wenn andere Erwachsene über ihre Kinder reden. Manchmal haben sie dann das Gefühl, sie redeten über ein ganz anderes Wesen ...

Setzen Sie Ihr Wissen über die Sternzeichen und andere spirituelle Zuschreibungen von Eigenschaften wohldosiert und am besten mit einer ordentlichen Prise Humor ein.

FALLE 4
GRENZENLOS GEDULDIG? – WENN SELBSTERFAHRUNGS-ELTERN SICH ZU VIEL GEFALLEN LASSEN

Eltern, die ihre Kinder mit besonders viel Achtsamkeit erziehen, neigen gelegentlich dazu, ihre eigenen Interessen und Gefühle zurückzustellen. Die Befindlichkeit des Kindes steht im Zentrum der erzieherischen Bemühungen, und das ist im Grunde ja auch gut so. Nur wenn sich Mütter und Väter selbst dabei ständig zurücknehmen, kann diese Erziehungshaltung auf Dauer sehr kräftezehrend sein.

Wenn Selbsterfahrungs-Eltern ihren Töchtern und Söhnen unbegrenzt viel Raum für Gefühlsäußerungen lassen, besteht zudem ein gewisses Risiko, dass die Kinder anfangen, sich als Mittelpunkt der Welt zu betrachten – was bei kleinen Kindern normal ist, bei älteren etwas nachlässt, um dann in der Pubertät schlimmer denn je zu werden. Dramatische Auftritte werden dann regelrecht inszeniert, interessanterweise oft, um von wirklichen Problemen abzulenken. Oder um eigene Interessen durchzusetzen. Außerdem erspüren Kinder oft die »Taktik« ihrer Eltern. So mancher Teenager bringt seine selbsterfahrenen Eltern mit dem Spruch »Ach, jetzt machste wieder einen auf pädagogisch« auf die sprichwörtliche Palme. Sie durchschauen die Absicht und sind verstimmt. Auch hier ist wieder Authentizität gefragt. Aber nicht nur deren Kuschelvariante, sondern auch in Form von Grenzziehung. Präsenz hat nicht nur etwas mit Verständnis und Toleranz zu tun, sondern auch mit Klarheit und Selbstbestimmtheit. Eltern, die alles widerstandslos schlucken, was ihre aufgeregten Kinder ihnen so vor die Füße werfen, senden ein falsches Signal. Sie machen sich aus vermeintlicher Gelassenheit zum seelischen Mülleimer ihrer Kinder.

WAS HILFT?

Sollten Sie dazu neigen, sich zu viel gefallen zu lassen, machen Sie sich klar, dass Sie in der Erziehung stets als ganze Person gefordert sind – mit all Ihren Gefühlen, nicht nur den angenehmen. Besonders bei Vorwürfen und verbalen Angriffen seitens der Kinder sollten Sie Ihre eigenen Grenzen abstecken und deutlich machen. Kinder vergreifen sich manchmal im Ton, sind unangemessen vehement und gelegentlich auch unfair. Nur wenn ihnen das auch gespiegelt wird, können sie ihr Verhalten dann gegebenenfalls verändern. Oft entschuldigen sie sich dann ja auch, und das Gespräch mündet in ruhigeren Bahnen.

Eine klare Aussage wie »Ich verstehe ja, dass du dich ärgerst, aber ich möchte nicht, dass du in diesem Ton mit mir sprichst«, ist manchmal nötig. Nur so können sich Kinder an Ihnen wirklich reiben und sich als autonom erleben. Auch wenn Kinder und Jugendliche sich nichts sehnlicher wünschen, als verstanden und angenommen zu werden, so brauchen sie doch auch gelegentlich ein streitbares Gegenüber, mit dem sie sich ordentlich auseinandersetzen können.

FALLE 5: IMMER AUFMERKSAM UND ACHTSAM? – DIE ÜBERFORDERUNGSFALLE

Die größte Gefahr der Selbsterfahrungs-Erziehung lauert in der permanenten Selbstüberforderung. Denn Eltern vollführen hier einen Balanceakt, bei dem sie ihre eigenen Bedürfnisse und Gefühle stets mit den Bedürfnissen und Gefühlen der Kinder abgleichen. Hierbei das Gleichgewicht zu verlieren, ist ziemlich einfach.

Wer an sich den Anspruch stellt, seinen Kindern stets präsent und achtsam gegenüberzutreten, erwartet sehr viel von sich. Manchmal zu viel. Denn auch Eltern, die auf der Suche nach Spiritualität sind, leben ein irdisches Leben, in dem sie Geld verdienen und auch sonst alle schnöden Verrichtungen des Alltags zu erledigen haben. Auch sie sind nur Menschen, die ihre Launen haben. Auch sie können nicht immer gütig, geduldig und glücklich lächelnd durch die Welt schweben. Auch Menschen, die sich für erleuchtet halten, fallen gelegentlich in alte Muster zurück, benehmen sich ungeschickt oder ungerecht. Das alles ist menschlich und normal. Niemand kann ausschließlich im Achtsamkeits- und Gütigkeitsmodus leben. Wer sich das abverlangt, überfordert sich. Manche Selbsterfahrungs-Eltern erwarten von sich ein extremes Maß an Souveränität im Umgang mit ihren Kindern. Reagieren sie dann selbst kindisch, ärgerlich oder auf eine Weise, die sie selbst an sich verachten, klaffen Ideal und Wirklichkeit schmerzlich auseinander. Das kann dazu führen, dass Eltern mit Selbsterfahrungs-Ansprüchen unzufrieden mit sich werden.

Noch schlimmer wird es, wenn die sich selbst überfordernden Eltern entstehende Aggressionen oder Wut wegdrücken, um dem Bild des ewig Milden wenigstens nach außen zu entsprechen. Das tut niemandem gut, am wenigsten den Kindern. Denn dann sind Selbsterfahrungs-Eltern genauso, wie sie nie sein wollten, nämlich nicht mehr authentisch.

WAS HILFT?

Wenn Sie merken, dass Sie Ihren hohen Ansprüchen an Achtsamkeit im hektischen Alltagsbetrieb phasenweise nicht genügen, dann schrauben Sie Ihre Erwartungen herunter. Sie sind schließlich nicht der Dalai Lama (der meines Wissens auch keine Kinder erziehen und keinen Haushalt führen muss …).

Bringen Sie sich selbst dieselbe Güte entgegen, die Sie Ihren Kindern entgegenbringen wollen. Nehmen Sie sich aus ganzem Herzen an, so wie Sie Ihre Kinder annehmen, wenn Ihnen ganz elend zumute ist. Sie haben dasselbe Verständnis und dieselbe Empathie verdient wie Ihre Kinder! Mit ein wenig Milde sich selbst gegenüber wächst auch das Vertrauen: Es wird wieder Phasen geben, in denen Sie präsenter und achtsamer sein können.

Machen Sie sich klar, dass es weder sinnvoll noch realistisch ist, immer achtsam zu sein. Kinder brauchen keine Eltern, die permanent versuchen, ihren psychischen Zustand zu kennen. Wenn Sie für Ihre Kinder präsent sind, wenn dies gefordert ist, dann reicht das vollkommen.

Machen Sie sich mit dem Gedanken vertraut, dass auch das nicht immer gelingen wird. Die Kinder werden trotzdem keinen seelischen Schaden nehmen, denn sie verfügen in der Regel über genügend Ressourcen. Erst recht, wenn sie bereits erfahren haben, dass sie aus tiefstem Herzen angenommen werden: Darauf können sie ein solch stabiles Selbstvertrauen aufbauen, das auch kleinere Durststrecken unbeschadet übersteht.

Eltern mit hohem Selbsterfahrungs-Potenzial sind wunderbar …
… wenn sie sich selbst mit Güte und Geduld begegnen!

Wie wir gesehen haben, haben Selbsterfahrungs-Eltern ihren Kindern eine Menge zu geben. Sie treten an, um ihnen von Anfang an ein tiefes Gefühl des Geborgenseins und Angenommen-Werdens zu vermitteln. Sie fordern von sich eine achtsame Haltung und sind bereit, an sich selbst zu arbeiten und von ihren Kindern zu lernen. Ein offenes Ohr und ein annehmendes Herz für die Kleinen zu haben, besonders in Krisenzeiten, ist ihnen ein besonderes Anliegen.

Eltern, die mit ihren Kindern auf dem Selbsterfahrungs-Weg wandeln, müssen auf sich aufpassen, um sich nicht permanent zu überfordern. Wenn sie sich selbst aber mit derselben Güte, Achtsamkeit und Wertschätzung begegnen wie ihren Kindern, dann leben sie ihnen vor, dass man nicht nur mit anderen gut umgehen sollte, sondern auch mit sich selbst.

Der Schnelltest zum Erziehungsstil:
Bestimmen Sie Ihren Bullerbü-Faktor

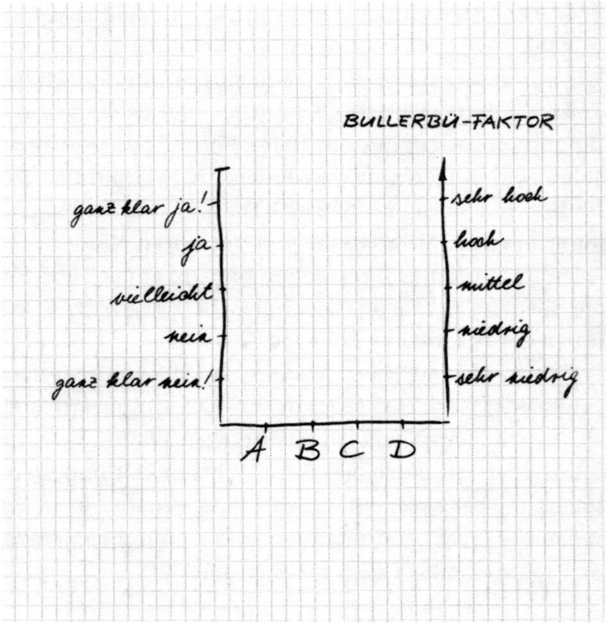

A: Kinder brauchen einen Schonraum, in dem sie möglichst stressfrei aufwachsen können.

B: Mein Kind darf sich in seinem eigenen Tempo entwickeln, ohne dass ich ungeduldig werde.

C: Freies, fantasiereiches Spiel ist für die Entwicklung meines Kindes wichtiger als Frühförderkurse oder Lernspiele.

D: Kinder brauchen möglichst viel Freiraum, um die Welt zu entdecken – auch jenseits der elterlichen Kontrolle.

Der Bullerbü-Stil: Immer schön locker bleiben

Das Erziehungs-Credo der Bullerbü-Eltern: Geborgenheit geben, gelassen bleiben

Wer kennt sie nicht – die Geschichten von Astrid Lindgren, in denen die Welt heil zu sein scheint. Ob Michel aus Lönneberga, Pippi Langstrumpfs Freunde Tommy und Annika oder Lotta aus der Krachmacherstraße: Dort dürfen die Kinder einfach Kinder sein. Weitab von Leistungsstress, Scheidungsproblemen und Existenzängsten leben sie ein ganz »normales« Kinderleben auf dem Lande. Im Grunde ihres Herzens sind sie allesamt gutmütig und »artig«. Sie hecken harmlose Streiche aus, folgen ihrer kindlichen Neugier und stellen fröhlich und unbekümmert so manches Erwachsenengebot in Frage, ohne dabei allzu revolutionär vorzugehen. Lediglich Pippi Langstrumpf pflegt ein nahezu anarchistisches Lebenskonzept, weswegen sie zur Heldin einer ganzen Generation avancierte, allerdings ohne dadurch zu einem realistischen Vorbild zu werden. Denn freilich: All diese Figuren sind Astrid Lindgrens Visionen. Sie sind frei erfunden, erdachte Lebensentwürfe, kein Abbild der Realität. Und dennoch spiegeln sie die tiefe Sehnsucht der Menschen nach Geborgenheit und Familienidylle.

Doch nicht nur die Generation der Astrid Lindgren-Leser träumte von gewitzten Bilderbuchkindern und heiler Familienwelt. Gerade heute, da es kaum noch naturbelassene Freiräume für eine unbedarfte Kindheit gibt, wächst die Sehnsucht danach wieder. Immer mehr Eltern wollen ihren Kindern im Rahmen der Familie eine Oase der Geborgenheit und Gelassenheit bieten. Je unsicherer die gesellschaftlichen Zukunftsperspektiven, desto größer wird dabei der Anspruch an Familie: Sie soll die Sicherheit geben, die Staat und Gesellschaft nicht mehr vermitteln können.

FAMILIE ALS OASE DER SICHERHEIT

Eltern, die sich der Bullerbü-Strategie verschrieben haben, nehmen diesen (heimlichen) Auftrag bewusst an. Sie haben sich auf die Fahne geschrieben, die Kinder möglichst lange Kinder sein zu lassen. Sie wollen ihnen eine Bullerbü-Kindheit schenken, in der Hoffnung, sie damit stark und glücklich zu machen. Und seelisch so stabil, dass sie später in der Lage sind, ihren ganz individuellen Weg zu finden und diesen auch unter schwierigen Bedingungen gehen zu können.

Die Bullerbü-Strategie ist aber nicht nur der Versuch, den Söhnen und Töchtern eine fröhliche und glückliche Kindheit zu ermöglichen, in der sie sich fern von Ängsten, Nöten und Leistungsdruck frei entwickeln können. Sie ist auch ein mehr oder weniger bewusster Widerstand gegen den zunehmenden gesellschaftlichen und wirtschaftlichen Druck, dass Kinder immer früher erwachsen werden müssen. So fordert denn auch die Autorin Cornelie Kister in ihrem Buch »Sehnsucht nach Bullerbü« die Eltern auf: »Gebt euren Kindern die Kindheit zurück!«

Bullerbü-Eltern versuchen also, ihren Kindern ein Stückchen der heilen Welt zu geben, die es draußen kaum noch gibt – und die es vielleicht auch nie gab. Familie ist für Bullerbü-Anhänger das Synonym für eine Quelle der Kraft, ein Hort der Liebe und der Geborgenheit.

Das heißt keineswegs, dass es in zeitgenössischen Bullerbü-Familien keinen Streit, keine Schwierigkeiten oder Konflikte gäbe. Zu einer Bullerbü-Kindheit gehört nicht in erster Linie Friede, Freude, Eierkuchen und harmonisches Einerlei. Vielmehr geht es Bullerbü-Eltern darum, dass sich ihre Kinder im Schonraum Familie möglichst sicher und geborgen fühlen. Und wer sich grundsätzlich geborgen fühlt, darf auch mal Blödsinn machen oder wie Michel aus Lönneberga die Suppenschüssel ausschlürfen, obwohl die Erwachsenen das eindeutig missbilligen. Da gibt es durchaus Ärger mit den Eltern, aber die Familienbeziehungen werden durch solche kleineren Eskapaden nicht nachhaltig gestört.

Bullerbü-Eltern verstehen Kinder nicht als Wesen, die früh in eine bestimmte Richtung erzogen und ständig bespaßt und gefördert werden sollten, damit sie sich möglichst schnell in die Erwachsenenwelt einpassen mögen. Viel wichtiger ist ihnen, dass die Kinder in Ruhe wachsen können – ohne allzu viel Stress und fernab jeden Leistungsdrucks. Sollen sie doch lieber stundenlang im Matsch spielen als in die englische Frühförderstunde gehen. Lieber aus Holz, Filz und Pappe fantasievolle Gerätschaften basteln, als sich viel zu früh mit stupiden Rechenpäckchen herumzuquälen. Das Erwachsenenleben mit all seinen Zwängen und komplexen Aufgaben kommt noch früh genug!

MUT ZUM EIGENTEMPO DES KINDES

Es ist Bullerbü-Eltern relativ gleichgültig, ob ihr Kleines früh trocken wird, schnell allein in seinem Bettchen durchschläft oder schon mit drei die Buchstaben kennt. Bullerbü-Eltern halten es nicht für notwendig, ihre Kinder anzutreiben. Sie brauchen kein Kind, das möglichst früh lesen oder schreiben kann, um sich damit brüsten zu können. Sie freuen sich vielmehr darüber, wenn das Kleine neugierig seine Welt erkundet, Spaß beim Forschen und Entdecken hat und scheinbar völlig zweckfreie Experimente mit Wasser, Sand, Steinchen und Blättern durchführt. Denn sie sind der festen Überzeugung, dass es durch seinen natürlichen Spiel- und Forscherdrang alles Nötige lernen wird, um später in der Schule und im Leben gut zurechtzukommen.

Nie würden überzeugte Bullerbü-Eltern auf die Idee kommen, ihr kleines Kind einem Leistungsdruck auszusetzen. Wozu auch? Bullerbü-Eltern sind vorbildlich gelassen, was die Entwicklung ihres Kindes angeht. Sie haben tiefes Vertrauen, dass es sich gut entwickeln wird, wenn es nur keinem unnötigen Druck und Drill ausgesetzt wird.

Natürlich bieten Bullerbü-Eltern ihren Kindern eine interessante Umgebung und natürliche Lernanreize, etwa in Form eines naturbelassenen Gartens, in dem Buddeln, Klettern und Toben ausdrücklich erlaubt ist. Oder durch langes Umherstreifen in Parks und Wäldern. Oder indem sie ihr Kind in den Waldkindergarten oder in die Waldorfschule schicken, in der ja bekanntermaßen viel gewerkelt und gebastelt wird. Überhaupt engagieren sich Bullerbü-Eltern gerne in Kita und Schule, und oft wählen sie Elterninitiativen oder andere alternative Institutionen aus, bei denen sie das Gefühl haben, das pädagogische Konzept mitgestalten und am sozialen Leben teilhaben zu können.

Von dem derzeit so virulenten pädagogischen Gerede über die angeblich begrenzten Zeitfenster in der kindlichen Entwicklung lassen sich Bullerbü-Eltern nicht verrückt machen. Sie trotzen dem Zeitgeist insofern, als sie beharrlich das Eigentempo des Kindes anerkennen. Sie verfallen keinem Frühförderwahn und messen ihr Kind nicht an seinen Leistungen und Erfolgen. Sie trauen sich zu sagen, was vielen anderen Eltern schwerfällt. Etwa: »Das verwächst sich«, wenn ihr Vierjähriger lispelt, oder »Das kommt schon noch«, wenn ihre Sechsjährige noch nicht lesen lernen möchte. Sie rasen nicht bei jedem kleinen vermeintlichen Entwicklungsdefizit zum Arzt oder Logopäden und lassen sich auch von so manch überhöhtem Anspruch der Erzieherinnen nicht aus der Bahn werfen. Sie stehen zu ihrem Kind, so oder so!

ERWARTUNGEN ÜBER BORD WERFEN, VERGLEICHE VERMEIDEN

Kompetente Bullerbü-Eltern vermeiden auch bewusst, ihre Kinder unter dem Leistungsaspekt mit anderen zu vergleichen. Zumindest verweigern sie sich häufig den klassischen Spielplatzgesprächen, in denen es ihrer Ansicht nach ohnehin nur um oberflächliche Prahlereien geht.

Bullerbü-Eltern versuchen, die Entwicklung ihres Kindes zu beobachten, ohne sie zu bewerten. Akzeptanz ist hier das Zauberwort: Bullerbü-Eltern sehen das Kind in seiner ganzen Individualität. Und akzeptieren, dass das eine schnell Lesen lernt, das andere langsamer, dass der Klassenkamerad problemlos das große Einmaleins aufsagen kann, während der gleichaltrige Sohn lieber im Sandkasten hockt. Na und? Gelassenheit und Vertrauen in die selbstgesteuerte Entwicklung des Kindes zeichnen Bullerbü-Eltern besonders aus.

Damit Bullerbü-Eltern auch wirklich gelassen bleiben können, arbeiten sie an ihrer Erwartungshaltung: Merken sie, dass ihre Ansprüche zu hoch sind, korrigieren sie diese. Nicht immer ist das leicht, denn wie alle anderen Eltern haben auch Bullerbü-Eltern durchaus Wünsche und Hoffnungen in Bezug auf ihre Kinder. Wer inständig hofft, ein ballettbegabtes Mädchen zu bekommen und dann merkt, dass die Tochter lieber kickt als tanzt, muss mit dieser Enttäuschung zurechtkommen, ohne dass das betroffene Kind darunter leidet. Daran arbeiten Bullerbü-Eltern bewusst und immer wieder. Zu sehen, dass das Kind fröhlich ist und neugierig seinen eigenen Weg entdeckt, ist für sie Entschädigung genug. Schließlich besteht ihr erklärtes Erziehungsziel darin, dass aus ihren Kindern an der Welt interessierte, selbstbestimmte und weitgehend angstfreie Erwachsene werden. Dass sie auf diesem Weg ihre Kinder mit zu starren Erwartungshaltungen einengen würden, wissen Bullerbü-Eltern. Deshalb lassen sie ihren Kindern so viel Freiraum wie möglich, was allerdings nichts mit Laisserfaire oder gar Gleichgültigkeit zu tun hat. So wie Astrid Lindgrens Bullerbü-Kinder fröhlich in der Weltgeschichte herumstapfen und dort das ein oder andere Abenteuer bestehen, so sollen auch heute die Kinder die Möglichkeit haben, jenseits der elterlichen Kontrolle Erfahrungen zu sammeln. Auch wenn es in den modernen Großstädten nahezu unmöglich, da lebensgefährlich ist, Kinder unbeaufsichtigt nach draußen zu schicken, so finden Bullerbü-Eltern doch immer wieder Möglichkeiten, sie kleinere Wagnisse eingehen zu lassen. Ob Zeltlager, Paddeltour oder Kletterparcours: Die Natur ist Kindern stets eine imposante Lehrmeisterin. Und diese schätzen echte Bullerbü-Eltern.

HALT GEBEN UND FREIRAUM LASSEN

Nun ist das Erziehungs-Credo der Eltern mit hoher Bullerbü-Kompetenz ja, den Kindern sehr viel Geborgenheit zu vermitteln. Gleichermaßen wollen sie ihnen möglichst viel Freiraum für ihre Entwicklung lassen. Hier die passende Mischung zu finden, fällt Bullerbü-Eltern nicht schwer. Da ihr Selbstvertrauen und ihr Vertrauen in die Kinder groß ist, fällt es ihnen meistens recht leicht, ihr Kind auch mal loszulassen. Sie befürchten nichts Schlimmes, wenn sie ihre Kinder nicht immer strengstens unter Kontrolle haben. Dieses Vertrauen wiederum stärkt die Kinder, denn sie fühlen sich dadurch wertgeschätzt und ernst genommen. So ist es guten Bullerbü-Eltern möglich, ihre Kinder einerseits gut im Blick zu haben, ohne sie permanent zu beäugen, und ihnen andererseits möglichst viel Freiheit zu lassen, so dass sie sich die Welt auf ihre ganz eigene kindliche Weise aneignen können.

Geduld ist eine weitere sehr hilfreiche Eigenschaft der Bullerbü-Eltern. Sie hetzen ihre Hanna nicht beim Spaziergang, wenn sie die Schnecke am Wegesrand beobachten will. Sie drängen auch ihren Lasse nicht, schneller zu rennen oder noch höher auf den Baum zu klettern. Überhaupt neigen sie nicht dazu, ihre Kinder ständig zu Wettkämpfen oder Turnieren anzutreiben. Wozu auch? Sie sehen darin keinen tieferen Sinn. Sie freuen sich vielmehr, wenn die Kleinen ihre Köpfe zusammenstecken und über den gerade entdeckten Käfer staunen oder sich überlegen, wie sie aus Blättern und Stöcken ein Floß bauen könnten.

Übertriebenen elterlichen Ehrgeiz halten Bullerbü-Eltern für überflüssig, wenn nicht sogar für schädlich. Sie halten nichts davon, Kinder zu Mal-Wettbewerben, zum Film-Casting oder Model-Contest anzumelden und sie damit allzu früh in die von Konkurrenz dominierte Erwachsenenwelt zu schubsen. Lieber warten Bullerbü-Eltern geduldig ab, bis sich Interessen und Ehrgeiz des Kindes von selbst herauskristallisieren. Und wenn das Kind eben lange kindlich und verträumt bleibt – so ist es dann eben. Warum sollte man es ändern? Erwachsen werden Kinder schon von ganz allein. Und früh genug.

EIGENSINN ERLAUBT, PERFEKTION NEBENSÄCHLICH

Bullerbü-Eltern sind, was Äußerlichkeiten wie Outfit, Wohnungseinrichtung und Ordnung anbelangt, oft nicht sonderlich perfektionistisch. Ob nun die Jeans ein Loch am Knie hat, die Jackentasche voller Sand ist oder sich in der guten Stube mal wieder die selbst gebauten Piratenschiffe stapeln: Bullerbü-Eltern sehen das häufig locker. Hauptsache, den Kindern geht es gut!

Auch von »Zeug« zum Spielen halten Bullerbü-Eltern nur bedingt etwas. Sie beobachten, dass ihre Kinder lieber mit Kartons spielen als mit dessen Inhalt, und halten Plastikspielsachen nur in Maßen für sinnvoll. Viele Bullerbü-Eltern schwören auf Holzspielzeug, wenngleich auch die meisten wenig dogmatisch damit umgehen. Die Zimmer von Bullerbü-Kindern sind selten durchgestylt und sehen nicht unbedingt nach Prinzessinnen-Traum oder Cowboy-Ranch aus. Bullerbü-Kinderzimmer stellen eher eine Mischung aus Experimentier-Stube, Naturholzidylle und Abenteuerspielplatz dar. Wichtig ist nicht, dass es schick und clean ist, sondern dass das Kind darin nach Herzenslust bauen, basteln und sich frei bewegen kann. Ein echtes Bullerbü-Spielzimmer ist eine kindgerechte Mini-Kreativwerkstatt.

Ebenso wenig wie die Kinderzimmerausstattung perfekt zu sein hat, müssen die Kinder perfekt sein. Bullerbü-Eltern haben kein Problem damit, dass ihre Söhne und Töchter kleinere Unzulänglichkeiten haben und den Erzieherinnen und Lehrern womöglich nicht immer nur große Freude bereiten. Denn Eltern mit Bullerbü-Kompetenzen haben ja nicht den Anspruch, Kinder heranzuziehen, die stets gefallen und es allen immer schön brav recht machen. Bullerbü-Kinder dürfen auch mal anecken, ihren eigenen Dickkopf haben, sich unangepasst verhalten und lautstark ihre Meinung vertreten.

Nicht, dass sie dabei unverschämt sein sollen. Aber den Erwachsenen gelegentlich Paroli bieten, sich unkonventionell kleiden oder auch mal etwas verschmuddelt herumlaufen – Bullerbü-Eltern sehen das sehr gelassen. Und nehmen es bestenfalls mit Humor, wenn sie mit ihrer legeren Art bei etwas spießigeren Eltern Empörung auslösen. Bullerbü-Eltern stehen zu sich – und können deshalb ihre Erziehungshaltung recht selbstbewusst vertreten. Die zahlreichen pädagogischen Ratgeber lassen sie gerne links liegen. Sie vertrauen ihrem gesunden Menschenverstand, ihrem Herzen – und natürlich ihren Kindern.

Bullerbü-Eltern wissen, dass Kindern auch die stabile Beziehung der Eltern wichtig ist. Bestenfalls kümmern sie sich in diesem Wissen auch ganz bewusst um die Pflege ihrer Partnerschaft. Und wenn Bullerbü-Ehen scheitern, so sind doch meistens beide Partner daran interessiert, die Kinder möglichst unbeschadet daraus hervorgehen zu lassen.

Gute Bullerbü-Eltern können es auch problemlos aushalten, wenn ihre Kinder sich mal wieder ausgiebig langweilen. Kein Grund für sie, das Kind pädagogisch zu bespielen, zum Lernen zu schicken oder hektisch an den PC oder vor die Glotze zu verfrachten.

Bullerbü-Eltern haben Zeit: Obwohl sie de facto natürlich auch nicht über mehr Zeit verfügen als andere Eltern, haben sie aber zumindest *gefühlt* mehr Zeit. Besser gesagt: Sie lassen den Kindern Zeit. Sie haben keine Eile in der Kindererziehung. Deshalb darf auch die Langeweile ihren Platz haben. Sie brauchen das Kind nicht dauernd zu beschäftigen, denn sie sind der Überzeugung, dass Langeweile einen Eigenwert besitzt. Gelegentliches Rumgammeln ausdrücklich erlaubt!

Ihrer Ansicht nach müssen Kinder sich die Zeit ohne-

hin nicht »vertreiben«, sondern gestalten. So, wie es ihnen und ihren Bedürfnissen und Interessen entspricht. Eine »lange Weile«, also einfach Zeit zu haben, gehört für Bullerbü-Eltern selbstverständlich dazu. Und sie sind davon überzeugt, dass sich aus der kindlichen Langeweile heraus ein fantasievolles Spiel entwickeln wird …

Was Bullerbü-Eltern besonders wichtig ist

- → Familie als Schonraum, in dem das Kind einfach Kind sein darf
- → Eigeninitiative und Eigenantrieb des Kindes sind wichtiger als elterliche Vorgaben
- → Jedes Kind darf in seinem eigenen Tempo lernen
- → Vermeidung von Leistungsdruck und Terminstress
- → Freies, fantasievolles und selbstbestimmtes Spielen gilt als wichtigstes Lerninstrument
- → Entdeckergeist und Neugier werden gefördert
- → Freiräume werden geschaffen, damit Kinder auch ohne elterliche Dauerkontrolle die Welt erkunden können

Kleiner Konstitutions-Check: Sprach- und Knet-Tipps – Sind Sie eine gute Bullerbü-Mama?

Anhand des folgenden Beispiels können Sie nun testen, ob Sie eine probate Bullerbü-Mutter oder ein patenter Bullerbü-Vater sind.

Stellen Sie sich folgende Situation vor: Sie wurden von der Erzieherin Ihres dreieinhalbjährigen Sohnes zu einem Elterngespräch eingeladen. Nachdem sie Sie freundlich begrüßt hat, berichtet die Erzieherin von ihren Beobachtungen im Kindergartenalltag: Ihr Sohn mache einen ausgelassenen und interessierten Eindruck, spiele gerne und meist friedlich mit anderen Kindern, habe aber noch keine ganz besonders dicke Freundschaft mit einem anderen Kind geschlossen. Er wirke fröhlich, neugierig und lebendig. Besonders gerne baue er Sandburgen, spiele auch sehr gerne mit LEGO und Holzklötzen. Auffällig sei aber, dass er sehr wenig spreche, viel weniger als seine Altersgenossen. Noch sei dies allerdings nicht besorgniserregend. Auch seine feinmotorische Entwicklung sei noch nicht sehr gut, er halte den Stift beim Malen falsch und tue sich auch im Umgang mit der Bastelschere noch sehr schwer. Die Erzieherin empfiehlt Ihnen abschließend, vorsorglich einen Sprachtest machen zu lassen oder Ihren Sohn zur Ergotherapie anzumelden. Außerdem solle er zu Hause möglichst viel malen und kneten, um seine Feinmotorik und Fingerfertigkeit zu schulen.

Was tun Sie?

ERSTE REAKTIONSMÖGLICHKEIT: HERUNTERSPIELEN, KOMPETENZ ANZWEIFELN

Sie suchen noch während des Gesprächs nach geeigneten Gegenargumenten, um die Beobachtungen der Erzieherin zu entkräften. Schließlich kann der gleichaltrige Nachbarssohn auch noch nicht besonders toll zeichnen, und überhaupt: Jungs malen nun mal nicht gern. Sie selbst haben auch spät angefangen zu sprechen, das liegt eben in der Familie. Und außerdem: Ist die Erzieherin überhaupt kompetent genug, um das alles beurteilen zu können? Einigermaßen empört posten Sie im Internet in einem Mütterforum eine Anfrage: »Erzieherin meckert an Kind herum. Was soll ich tun?«, und erhalten prompt zehn Reaktionen, in denen sich Mütter und Väter über inkompetente Pädagogen beklagen. Anschließend überlegen Sie sogar, den Kindergarten zu wechseln.

Sie sind offensichtlich gekränkt, da jemand an Ihrem Kind »herumgemäkelt« hat. Wenn Sie solche vermeintliche »Kritik« an Ihrem Kind schlecht ertragen können, überlegen Sie einmal, warum das so ist.

- Kratzt es an Ihrem Selbstwertgefühl, wenn Ihr Kind nicht das schnellste, klügste, beste ist? Woher kommt das? Welcher Anspruch steckt dahinter? Was glauben Sie, wie sich das für Ihr Kind anfühlt?
- Haben Sie Schuldgefühle, weil Sie meinen, Ihr Kind nicht genügend zu fördern oder zu oft weg zu sein, etwa, weil Sie lange arbeiten müssen?
- Haben Sie Mitleid mit Ihrem Kind, weil Sie eine ähnliche Situation aus Ihrer eigenen Vergangenheit kennen, etwa, weil sich ein Lehrer abschätzig über Ihre Leistung geäußert hat? Vermischen Sie hier womöglich etwas miteinander?

ZWEITE REAKTIONSMÖGLICHKEIT: KNETEN, KNETEN, KNETEN

Sie nehmen die Anregungen der Erzieherin sofort auf und machen am selben Tag noch einen Termin beim Kinderarzt. Außerdem melden Sie Ihr Kind bei einer Ergo- oder Lerntherapeutin an, da das sicher nicht schaden kann. Außerdem besorgen Sie sofort neue Malstifte und hochwertige Knete. Und ab jetzt wird nachmittags regelmäßig geknetet und gemalt …

Sie nehmen die Erzieherin offensichtlich ernst und vertrauen ihrem fachlichen Urteil. Fast ein wenig zu unkritisch. Warum nehmen Sie sich nicht erst einmal die Zeit, um herauszufinden, ob es richtig ist, was die Erzieherin meint? Hier könnten ein wenig Zeit und Geduld helfen, wieder eine kritische Distanz herzustellen. Wenn Sie zu einer solchen voreiligen und unkritischen Reaktion neigen, bedenken Sie Folgendes:

- Schlafen Sie erst mal eine Nacht drüber. Und dann überlegen Sie: Stimmen Sie den Aussagen der Erzieherin überhaupt zu? Hat sie recht mit ihren Behauptungen? Beobachten Sie Ihr Kind bei Gelegenheit ein bisschen und bilden Sie sich Ihr eigenes Urteil.
- Überprüfen Sie, welche Erwartungshaltung aus den Worten der Erzieherin spricht. Glauben Sie auch, dass ein Dreieinhalbjähriger bereits den Stift »richtig« halten muss? Und finden Sie es notwendig, dass er viel spricht, nur weil die anderen das tun? Bilden Sie sich auch diesbezüglich eine eigene Meinung.
- Sind Ergotherapie und nachmittäglich verordnetes Kneten die einzigen Möglichkeiten, das Kind entsprechend zu fördern? Würde Ihrem Kind das überhaupt Spaß machen? Wenn nicht: Wie wäre es mit Matschepampen im Garten oder einfach viel Bewegung an der frischen Luft?

DRITTE REAKTIONSMÖGLICHKEIT: ÜBERDENKEN, SICH ABSICHERN

Sie nehmen die Anregung der Erzieherin zur Kenntnis und freuen sich, dass Ihr Kind offensichtlich einen so ausgeglichenen Eindruck macht und Spaß im Kindergarten hat. Sie hängen aber gedanklich besonders an dem Begriff »noch nicht besorgniserregend« fest, da er paradoxerweise bei Ihnen Besorgnis erregt. Sie sind sich unsicher: Was soll ich tun? Versäume ich etwas, wenn mein Kind keine Ergotherapie macht? Schließt sich dann das Zeitfenster der Sprachentwicklung, und mein

Kind wird nun immer sprachliche Schwierigkeiten haben? Andererseits wollen Sie Ihr Kind auch nicht durch einen Therapeutenbesuch stigmatisieren oder es verrückt machen und unter Druck setzen. Und außerdem ist es ja noch so klein!

Sie machen sich viele Gedanken, lesen entsprechende Artikel im Internet und Elternzeitschriften. Außerdem besprechen Sie das Problem mit Ihrem Partner und einer guten Freundin. Bevor Sie sich nicht sicher sind, dass es wirklich sinnvoll oder nötig ist, suchen Sie allerdings keinen »Experten« auf. Oder Sie holen sich »sicherheitshalber« von einem Kinderarzt oder Sprachberater die Bestätigung, dass bei Ihrem Kleinen »alles in bester Ordnung« ist …

Prima, Sie reagieren sehr verantwortungsbewusst. Sie nehmen sowohl die Erzieherin als auch sich selbst und Ihr Kind ernst, wägen kritisch zwischen Nutzen und Kosten ab und bilden sich ein eigenes Urteil. Auch wenn das manchmal mühsam ist: So werden Sie sicherlich zu einem zufriedenstellenden Ergebnis gelangen.

Vielleicht sind Sie eine Bullerbü-Mama, die sich noch manchmal verunsichern lässt, weil Sie noch nicht genug Erfahrung gesammelt haben?

VIERTE REAKTIONSMÖGLICHKEIT: GELASSEN BLEIBEN, DEM KIND ZEIT GEBEN

Sie hören der Erzieherin interessiert zu und freuen sich besonders darüber, dass Ihr Kind sich in der Kita so gut eingelebt hat, fröhlich zu sein scheint und auch mit den anderen Spielkollegen gut klarkommt. Und dass es seiner kindlichen Welt offenbar mit Offenheit und Interesse begegnet. Das ist Ihnen schließlich besonders wichtig.

Anschließend erklären Sie der Erzieherin dann aber freundlich, dass Sie von Ihrem Dreijährigen noch nicht erwarteten, dass er den Stift richtig hält, und Sie auch seiner feinmotorischen Entwicklung noch viel Zeit einräumen. Natürlich knete er gelegentlich, aber sie wollten ihn auch nicht dazu zwingen, da er womöglich dann den Spaß daran verliere, was ja wiederum kontraproduktiv sei. Und was die sprachliche Entwicklung angehe, da wären Sie sehr zuversichtlich, bis jetzt hätten ja noch alle Kinder einmal sprechen gelernt! Sie lachen herzlich und bedanken sich bei der Erzieherin für das Gespräch.

Wunderbar, so reagieren gestandene Bullerbü-Eltern. Souverän und freundlich, gelassen und humorvoll. Sie entlasten übrigens mit einer solchen Reaktion nicht nur Ihr eigenes Kind von (zu hoch gesteckten) pädagogischen Ansprüchen, sondern womöglich auch die Erzieherin selbst …

Dispositionen: Wofür Bullerbü-Eltern manchmal anfällig sind

FALLE I
IMMER ZUVERSICHTLICH UND GELASSEN? – WENN BULLERBÜ-ELTERN ZU VIEL VON SICH ERWARTEN

Bullerbü-Eltern trotzen, wie wir gesehen haben, dem pädagogischen und gesellschaftlichen Zeitgeist, der immer mehr Leistungs- und Erfolgsdruck auf Eltern ausübt. Denn je weniger Kinder geboren werden, desto wichtiger ist es, dass möglichst viele von ihnen später in der Lage sein werden, ihre Arbeitskraft gewinnbringend einzusetzen. Kinder sollen motorisch, kognitiv und psychisch fit sein: je schneller, desto besser. Wer faulenzt, zu lange die Schulbank drückt oder es sich im Langzeitstudium gemütlich einrichtet, hat heutzutage keinen guten Ruf.

Wer immerzu liest, dass Kleinkinder für den mühelosen Fremdsprachenerwerb prädestiniert sind, wird darin nahezu zwangsläufig die Botschaft erkennen, dass zweckfreies Matschen und Buddeln im Sandkasten unter wirtschaftlichen Aspekten vertane Zeit ist. Und wer immer zu hören bekommt, dass man unbedingt das Abitur braucht, um überhaupt irgendeine Chance auf dem Arbeitsmarkt zu haben, fängt womöglich schon im Kindergartenalter des Kindes an, sich Sorgen und Gedanken über dessen berufliche Zukunft zu machen. Dass dabei immer mehr Eltern einknicken und aus lauter Angst, etwas zu verpassen oder falsch zu machen, diesen massiven Druck an ihre Kinder weitergeben, ist zwar nicht schön, aber nachvollziehbar.

Genau diesen Druck wollen Bullerbü-Eltern abfedern: Damit übernehmen sie eine wunderbare, aber mitunter auch anstrengende Aufgabe. Denn nicht immer gelingt es problemlos, den massiven gesellschaftlichen Anforderungen Paroli zu bieten. Wenn Bullerbü-Eltern also von sich erwarten, den gesamtgesellschaftlichen Druck von ihren Kindern fernzuhalten, nehmen sie sich eventuell zu viel vor. Allenfalls können sie ihre Kinder vor *allzu viel* Druck schützen, denn die politischen, wirtschaftlichen und sozialen Rahmenbedingungen zu ignorieren, gelingt allerhöchstens bis zum Beginn der Schulzeit. Denn dann bestimmt der Lehrplan, was ihr Kind zu welchem Zeitpunkt können muss.

WAS HILFT?

Machen Sie sich immer wieder klar, welch schwierige Aufgabe Sie übernommen haben. Seien Sie sich auch darüber bewusst, dass es immer wieder Irritationen geben wird. Ob Erzieherinnen, Lehrer oder andere Mütter: Viele werden Ansprüche und Erwartungen formulieren, deren Gültigkeit Sie hinterfragen müssen. Das kann gelegentlich anstrengen und manchmal nervig sein.

Doch kann man das Ganze auch positiv sehen; denn sollten Sie zwischendurch an Ihrer lockeren Haltung zweifeln, ist das ja nur hilfreich, um die eigene Position zu festigen und zu relativieren. So können Sie immer wieder prüfen, was Ihnen wirklich wichtig ist, welche Forderungen Sie für sinnvoll halten und welche nicht. Erwarten Sie aber nicht von sich, dass Sie bis zum Erwachsenenalter Ihres Kindes immer nur sorglos in die Zukunft blicken können. Das wäre dann vielleicht doch zu blauäugig. Wenn es Ihnen gelingt, die (zum Teil ja durchaus berechtigten) Sorgen nicht völlig unkontrolliert auf Ihre Kinder zu projizieren, sondern bewusst und besonnen damit umzugehen, haben Sie und vor allem Ihre Kinder schon sehr viel gewonnen.

FALLE 2
»ACH, DAS WIRD SCHON WIEDER!« – WENN BULLERBÜ-ELTERN ZU GELASSEN SIND

Manche Bullerbü-Eltern neigen dazu, Gelassenheit elegant mit einer Form der Gleichmütigkeit zu verwechseln. Es ist schön, wenn man sich nicht allzu viel Gedanken über seine Kinder macht, nicht hinter jedem Zipperlein eine schlimme Krankheit vermutet und nicht bei jeder noch so kleinen vermeintlichen Entwicklungsverzögerung eine psychische Störung befürchtet. Es ist jedoch ein Unterschied, ob Eltern bei kindlichen Besonderheiten immer wieder genau hinsehen und verantwortungsbewusst entscheiden, diese einfach so zu akzeptieren, oder ob man sich aus Bequemlichkeit erst gar nicht damit beschäftigt und allzu oberflächlich darüber hinweggeht. Ersteres ist Souveränität, Letzteres Ignoranz.

Kompetente Bullerbü-Eltern schauen nicht an den Problemen und Sorgen ihrer Kinder vorbei und bagatellisieren diese auch nicht. Sie akzeptieren Unregelmäßigkeiten und Schwierigkeiten im Familienleben, und das ist gut so. Wer aber in schöner Regelmäßigkeit das aggressive Verhalten eines Kindes als Ausdruck des Temperamentes schönredet oder ein dauerhaftes kindliches Desinteresse an schulischen Inhalten zur unumstößlichen Charaktereigenschaft des Kindes erklärt, läuft womöglich Gefahr, einen tiefsitzenden Kummer des Kindes zu übersehen.

WAS HILFT?

Überprüfen Sie gelegentlich, was Sie als »normal« bei Ihrem Kind empfinden. Nur weil man sich im Laufe der Jahre an ein bestimmtes Verhalten gewöhnt hat, muss es noch lange nicht »richtig« oder »gut« sein. Der Maßstab hierfür ist immer die Befindlichkeit des Kindes. Fühlt es sich gut, ist es fröhlich und lebendig, besteht kein Handlungsbedarf. Hat es aber hingegen Leidensdruck, dann schon. Fragen Sie es: Wie geht es dir eigentlich in unserer Familie? Was müsste sich ändern, damit du auch einmal anders/ruhiger/freundlicher reagieren könntest?

Relevant ist natürlich auch, wie es den anderen Mitgliedern der Familie mit bestimmten Verhaltensweisen geht: Leidet ein Geschwisterkind massiv unter den Wutausbrüchen eines anderen? Fühlt sich ein Elternteil übergangen oder schlecht behandelt? Auch dann gilt es, auffällige Verhaltensweisen nicht nur gelassen hinzunehmen, sondern auf ihre Ursachen und Auswirkungen hin zu überprüfen.

Ohnehin ist es sehr belebend, sich gelegentlich zu fragen, warum sich ein Kind auf eine bestimmte Weise und ein anderes sich ganz anders verhält. Das ist oft ein spannendes Unterfangen mit überraschenden Ergebnissen. Denn die kindlichen Verhaltensmodalitäten sind nicht immer nur Typ-bedingt, sondern werden oft durch das System Familie selbst erst provoziert: Wie bei einem Mobile zieht die Bewegung des einen Teils die Bewegung eines anderen nach sich. Sich diese familieninternen Kettenreaktionen gelegentlich anzuschauen, ist manchmal sehr hilfreich. Nicht, um alles zu verändern, aber doch, um Zusammenhänge besser zu verstehen. Manchmal ist die Wut eines Kindes eine Reaktion auf unterdrückte Spannungen zwischen den Eltern. Oder die Lernunlust ist Zeichen einer tiefen Traurigkeit, die nicht ausgelebt wird. An diesen Möglichkeiten nicht vorbeizusehen, ohne allerdings in hektischen Aktionismus zu verfallen, das ist die hohe Kunst, die man beherrschen sollte, wenn man Bullerbü-Kinder aufzieht. Hierfür könnten Bullerbü-Eltern sich vielleicht etwas von den Selbsterfahrungs-Eltern abschauen.

FALLE 3
»ICH ERWARTE NICHTS« – WENN BULLERBÜ-ELTERN SICH ETWAS VORMACHEN

Eltern mit hohem Bullerbü-Faktor erwarten von sich, nicht zu viel von ihren Kindern zu erwarten. Das ist ein schöner Gedanke, denn sie wollen damit ihren Kindern möglichst viel Spielraum für ihre individuelle Entwicklung geben.

Doch es ist eine Tatsache, dass alle Menschen Erwartungen haben, insbesondere an die eigenen Kinder. Allerdings stimmt es auch, dass uns die meisten unserer Erwartungen gar nicht bewusst sind. Es sind jedoch genau diese unausgesprochenen Erwartungen, die Kinder mehr beeinflussen als alle ausgesprochenen Wünsche zusammen. Denn diese wirken unbewusst, die Kinder spüren sie und erfüllen sie auch meistens. Viele Eltern halten sich zum Beispiel für »locker« und tolerant, was die Schulnoten ihrer Kinder angeht. Befragt man aber die Kinder nach den Erwartungen der Eltern, so wissen diese genau, dass sich hinter dieser legeren Fassade oftmals sehr hohe Ansprüche verbergen. Denn die Kinder spüren immer, wenn es Mama und Papa doch irgendwie sehr wichtig ist, dass sie gute Leistungen erbringen. Besonders in Familienberatungen ist es immer wieder erstaunlich, wie genau Kinder diese unbewussten Botschaften aufnehmen und oft sogar formulieren können. Widersprechen die unbewussten Botschaften den ausgesprochenen Behauptungen, kann das Kinder in Konflikte stürzen. Je tiefer die Widersprüche, desto größer der Konflikt.

WAS HILFT?

Machen Sie sich klar: Es ist in Ordnung, Erwartungen an die Kinder zu haben. Elterliche Erwartungen an sich sind nicht schlecht oder schädlich. Und sie helfen den Kindern auch, sich in der Welt zu orientieren. Es kommt nur darauf an, wie man mit diesen Erwartungen umgeht.

Zum Beispiel sollten wir uns unsere Erwartungen bewusst machen, statt sie zu leugnen, und immer wieder kritisch überprüfen. Manchmal wird uns nicht gefallen, was wir dabei über uns erfahren. Denn es könnte unser Selbstbild erschüttern. Halten wir uns auch für noch so locker, tolerant und verständnisvoll, so finden wir womöglich Wertvorstellungen in unserem Gedankenstübchen, die wir selbst für komplett verstaubt halten. Das könnte peinlich werden. Wie emanzipiert und frei von Rollenklischees sind wir wirklich? Ist unser Männerbild vielleicht doch noch recht altbacken? Und messen wir vielleicht doch auch mal mit zweierlei Maß, wenn es um uns selbst und andere geht? All das kann unangenehm sein. Dennoch lohnt sich ein Blick hinter die Fassade – für uns, aber auch besonders für unsere Kinder. Wenn wir uns unsere Erwartungen ehrlich eingestehen, dann brauchen wir nicht locker zu tun, obwohl wir es vielleicht gar nicht sind.

Seien Sie realistisch und aufrichtig mit sich selbst. Viele Erwartungen werden uns überhaupt erst bewusst, wenn sie enttäuscht werden. Spätestens dann sollten wir uns diesen Erwartungen stellen und uns damit auseinandersetzen – ohne den Kindern dafür die Schuld in die Schuhe zu schieben.

FALLE 4
FAMILIE ALS REFUGIUM? – WENN BULLERBÜ-ELTERN ZWEIFELN

Wenn Bullerbü-Eltern ihren Kindern eine kleine heile Welt inmitten einer großen nicht sehr heilen Welt einrichten wollen, so ist das ein ehrenwertes, aber schwieriges Unterfangen. Denn die gesellschaftlichen Veränderungen beeinflussen zwangsläufig auch das Individuum und das familiäre Miteinander, ob man das nun will oder nicht. Ein gutes Beispiel hierfür ist die schwierige Arbeitsmarktlage: Wer beispielsweise seinen Job verliert und all seine Mühe vergeblich darauf verwendet, einen neuen zu finden, kann seinen Kindern nicht mehr problemlos vorleben, dass hierzulande alles zum Besten bestellt ist. Und wer als mobiler und flexibler Arbeitnehmer oft beruflich unterwegs ist, wird seine Familie wohl öfter allein lassen müssen, als ihm lieb ist. Auch die steigenden Scheidungsraten weisen deutlich darauf hin, dass sich die Form des Zusammenlebens verändert. Immer mehr Kinder sind gezwungen, sich mit der Trennung der Eltern zu beschäftigen, die Trauer darüber zu bewältigen und sich in neue Lebenszusammenhänge einzuleben. Und mit guter Unterstützung schaffen Kinder das auch, und es entstehen durchaus neue positive Perspektiven.

Doch mit dem ursprünglichen Bild von Bullerbü hat das wenig zu tun, denn Phasen der Unsicherheit und große Umbrüche gibt es dort nicht. Klar, dort handelt es sich ja auch um ein fiktives Leben in einem erdachten Dorf. Und Patchwork-Familien gab es in Bullerbü nicht.

Die reale Familie von heute muss viele und zum Teil tiefgreifende Schwierigkeiten bewältigen. Dazu gehört ein ungeheures Maß an Krisenmanagement, von dem Astrid Lindgrens Olle, Lasse und Bosse und deren Eltern nun überhaupt keinen blassen Schimmer haben.

Können es Bullerbü-Eltern also wirklich schaffen, ihren Kindern einen echten Schonraum zu bieten oder überfordern sie sich damit?

WAS HILFT?

Wenn Sie als überzeugte Bullerbü-Eltern auch manchmal die Zweifel plagen, ob Sie den Kindern noch das bieten können, was Sie ihnen eigentlich bieten wollen, dann beachten Sie bitte, dass wir alle Kinder unserer Zeit sind. Natürlich können wir uns vom Zeitgeist abgrenzen, ihn kritisch betrachten und in unserem Privatleben unliebsamen Entwicklungen entgegenwirken. Wir können konstruktive Gespräche mit der Lehrerin führen, wenn wir finden, dass unsere Kinder überfordert oder unter Druck gesetzt werden. Wir können unsere Söhne und Töchter vor massiven Zukunftsängsten schützen, indem wir sie nicht zusätzlich schüren. Wir können uns auch gegen dogmatische pädagogische Richtlinien wehren, die uns nicht gefallen. Wir können einiges tun, um unseren Kindern das Leben zu erleichtern. Aber wir können das nur bedingt und im Rahmen unserer Möglichkeiten. Nicht mehr, aber auch nicht weniger. Elterliche Macht ist begrenzt. Das sollten wir akzeptieren. Und wir sollten uns auch bewusst machen, dass unsere Kinder auch in einer rauen Welt zurechtkommen werden. Schließlich sind sie nicht aus Porzellan. Schon gar nicht, wenn sie bei Bullerbü-Eltern aufgewachsen sind …

FALLE 5
»DIE MACHEN, WAS SIE WOLLEN« – WENN DIE BALANCE ZWISCHEN KINDLICHER SELBSTBESTIMMUNG UND ELTERLICHER VERANTWORTUNG NICHT MEHR STIMMT

Bullerbü-Eltern überlassen den Kindern viel Raum und Zeit für selbstbestimmtes Spielen und Werkeln. Und auch sonst ermöglichen sie den Kindern viel Handlungsspielraum. Solange sich alle dabei wohlfühlen, ist das wunderbar.

Manche Bullerbü-Eltern tendieren allerdings dazu, ihren Kindern zu viel unkommentiert »durchgehen« zu lassen. Frei nach dem Motto »Mein Kind ist eben so«, darf es dann Klassenkameraden herumkommandieren, schubsen oder anderweitig schikanieren, ohne dass die Eltern ein Eingreifen für nötig halten. Hier hört der Spaß dann verständlicherweise für andere Eltern und deren Kinder auf. Manche Bullerbü-Eltern dulden auch, dass Kinder ihre Verabredungen nicht einhalten, ihre Freunde versetzen, einfach aus Lust und Laune ihren Tag umdisponieren und auch ansonsten nur tun, wozu sie gerade einfach Bock haben. Solche Bullerbü-Menschen haben ein Freiheitsverständnis, das die Freiheit des anderen nicht mehr respektiert. Manche Bullerbü-

Eltern fürchten, ihr Kind bereits dann in seiner persönlichen Freiheit einzuschränken, wenn sie es zum Aufräumen auffordern oder ihm etwas zum Essen anbieten, das ihm nicht schmeckt.

WAS HILFT?

Wenn auch Sie gelegentlich das Gefühl haben, dass bei Ihnen zu Hause die Balance zwischen kindlicher Selbstbestimmung und elterlicher Verantwortung nicht mehr stimmt und das Kind mit seinen Launen tagtäglich bestimmt, was gemacht wird, dann drücken Sie so schnell wie möglich den »Reset«-Knopf.

Überlegen Sie, was *Sie* wollen:

- Wie stellen Sie sich Ihr Leben, Ihren Tag, Ihre Woche vor? Was ist Ihnen wichtig? Was möchten Sie ändern?
- Fragen Sie statt »Was willst du heute machen?« lieber »Was wollen wir heute machen?« oder schlagen Sie am besten auch selbst etwas vor. Auch das liebste Bullerbü-Kind soll merken, dass auch andere Menschen Wünsche und Interessen haben.
- Stellen Sie sich wieder in den Mittelpunkt Ihres Lebens. Bullerbü-Eltern zu sein heißt nicht nur, den Kindern Freiräume zu bieten, sondern diese auch für sich selbst in Anspruch zu nehmen.

Bullerbü-Eltern sind wunderbar …
… wenn sie sich selbst mit so viel Akzeptanz begegnen wie ihren Kindern!

Eltern mit Bullerbü-Mentalität sind souveräne und bestätigende Mütter und Väter, die ihren Kindern mit freundlicher Geduld begegnen. Sie legen keinen großen

Wert auf Perfektionismus oder möglichst rasche Entwicklungsfortschritte der Kinder, sondern lassen sie ihre Welt in Ruhe erobern und erforschen, ohne sie dabei allzu oft zu stören. Sie vertrauen Mutter Natur sowie dem kindlichen natürlichen Forschergeist, sehen Beschleunigungstendenzen in Erziehung und Ausbildung kritisch und sind auch gern bereit, mit Lehrern und anderen Pädagogen darüber zu diskutieren. Alles in allem sind Bullerbü-Eltern wunderbar, wenn sie sich selbst nicht mit ihrem Anspruch überfordern, das Kind von jedem Stress fernzuhalten und sich ebenso viele Gestaltungsmöglichkeiten vorbehalten, wie sie dem Kind zugestehen. Unschlagbar sind Bullerbü-Eltern in ihrer fröhlichen Gelassenheit, die dem Kind das untrügliche Gefühl vermittelt, rundum akzeptiert zu sein – auch wenn es etwas langsamer lernt als andere.

Der Schnelltest zum Erziehungsstil: Bestimmen Sie Ihren Schlauberger-Faktor

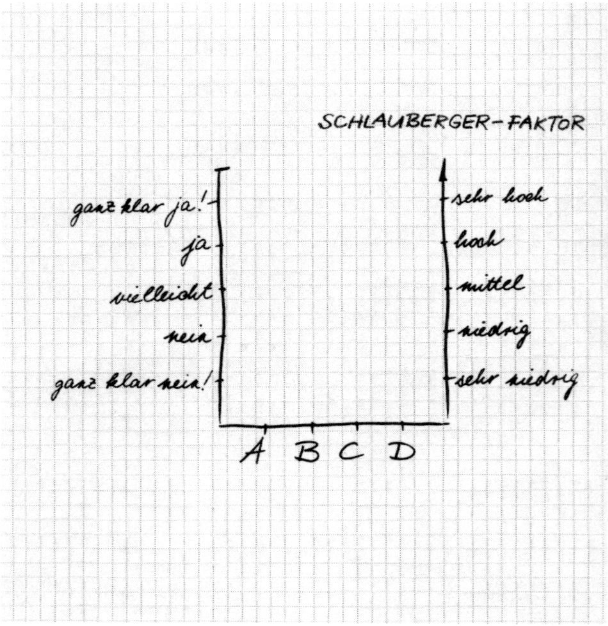

A: Ich bin ein wahres Organisationstalent und habe unser Familienleben voll im Griff.

B: Ich erkläre meinen Kindern immer, warum ich ihnen etwas erlaube oder verbiete.

C: Ich gebe anderen Müttern und Vätern gerne Ratschläge, wenn ich etwas besser weiß.

D: Regeln und Rituale in der Familie müssen vernünftig und sinnvoll sein.

Die Schlauberger-Strategie: »Wer logisch denkt, versteht das auch!«

Das Erziehungs-Credo der Schlauberger-Eltern: Vernünftige Werte vermitteln

Schlauberger-Eltern setzen in der Erziehung auf überzeugende Argumente und vernunftgesteuerte Strategien. Sie sind der festen Ansicht, dass sich vieles leichter regeln und durchsetzen lässt, wenn die Kinder die elterlichen Ansagen rational nachvollziehen können. Sie erklären ihren Kindern so viel wie möglich und versuchen ihnen auch abstrakte Zusammenhänge zu veranschaulichen.

Schlauberger-Eltern sind oft davon überzeugt, das einzig richtige Wertesystem zu vertreten und glauben fest daran, dass es so etwas wie eine »objektive Wahrheit« gibt. Sie neigen dazu, nur das zu glauben, was wissenschaftlich nachweisbar oder bereits belegt ist. Deshalb zitieren sie zur Absicherung ihrer Argumente auch gerne Studienergebnisse. Und um Andersdenkende zu überzeugen, ziehen sie garantiert die neuesten Erkenntnisse akademischer Untersuchungen heran. Das gilt natürlich auch für Bildungsfragen und Erziehungsmethoden.

ÜBERZEUGEN MIT GUTEN ARGUMENTEN

Verfechter der Schlauberger-Strategie sind intelligent und gut informiert, so dass sie zu vielen Themen etwas Wichtiges zu sagen haben. Sie diskutieren gerne auf einer rein sachlichen Ebene (und sie sind der Überzeugung, dass das geht). Sie sind bekannt für ihre vernünftigen Argumente und klugen Einwürfe, mit hochemotionalen und irrational scheinenden Aussagen können sie hingegen nicht besonders viel anfangen. So entstehen manchmal enorme Missverständnisse, beispielsweise wenn Schlauberger- und Selbsterfahrungs-Eltern auf verschiedenen Ebenen aneinander vorbeireden.

Manche Schlauberger-Eltern lassen andere gerne wissen, dass sie viel wissen. Einige Schlauberger-Väter sind eloquente Dauerredner auf Elternabenden, sie lassen weniger redegewandte Personen kaum zu Wort kommen und deren eher unbeholfene Einwände auch selten gelten. Sie können pointiert formulieren und wirken daher überzeugend – oder sie provozieren heftige Gegenwehr. Ihre Argumentation ist stets logisch aufgebaut und insofern nachvollziehbar, aber natürlich vertreten sie nicht jedermanns Meinung. Da sie mit ihren dezidierten Ansichten nicht hinterm Berg halten, polarisieren sie auch oft. Und mitunter haben Schlauberger-Eltern auch eine extrem dominante Ausstrahlung.

Schlauberger-Mütter haben zahlreiche Tipps zur Kindererziehung auf Lager, die sie auch ungefragt gerne zum Besten geben. Manche Mütter nehmen diese Anregungen dankbar an. Andere reagieren darauf eher allergisch: sie fühlen sich belehrt, in ihrer Erziehungskompetenz in Frage gestellt und degradiert.

Überhaupt wirken Schlauberger-Eltern auf unsichere Menschen entweder frustrierend oder provozierend, da sie selbstbewusst, manchmal gar besserwisserisch auftreten – übrigens ganz unabhängig davon, wie sie sich selbst fühlen und wahrnehmen. So mancher Schlauberger-Typ wundert sich darüber, welche Wirkung er auf andere ausübt. Denn eigentlich will er ja nicht arrogant wirken. Und schon gar nicht liegt es in seiner Absicht, dass sich andere in seiner Gegenwart minderwertig fühlen. Eigentlich möchte der Schlauberger ja nur sein Wissen weitergeben und konstruktiv mitgestalten.

Schlauberger-Eltern sind extrem gut organisiert. Sie haben den gesamten Familienkalender im Kopf, sind tatkräftig und oft auch von ausgesprochen pragmatischer Natur.

Sie sind realistisch, manchmal sogar von besonderer Nüchternheit. Klarheit ist einer ihrer Schlüsselbegriffe. Sie sind Meister in der Planung von Ausflügen, Festen und Reisen. Auch der mitunter turbulente Tagesablauf mit Kindern, Haushalt und Job ist bestens geregelt. Die Wochenenden sind lange im Voraus akribisch durchgeplant. Für spontane Aktionen bleibt dann manchmal leider kein Spielraum mehr.

Auch Prioritäten zu setzen gehört zu den ausgeprägten Fähigkeiten der Schlauberger-Eltern: Sie wissen meistens sehr genau, was wann wie zu tun ist. Sukzessive werden dann alle Punkte abgearbeitet. Dabei lassen sie sich auch nicht ablenken oder irritieren. Sie verzetteln sich nicht – oder zumindest höchst selten. Erst wenn die »to-do«-Liste abgearbeitet ist, wendet sich der Schlauberger-Typ einer anderen Aufgabe oder seinen Liebsten zu.

Ähnlich wie Chef-Eltern können auch Schlauberger-Eltern gut delegieren, wobei sie nicht einfach nur bestimmen, wer was zu tun hat, sondern dies noch wortgewandt begründen.

Schlauberger-Mütter managen Lebensmitteleinkäufe, das Abtragen von Wäschebergen und die Kinder-hin-und-her-Kutschiererei so souverän, dass der Partner die damit verbundene Arbeit gar nicht wahrnimmt. Scheinbar mühelos wuppt die Schlauberger-Mama in 12 Stunden, wofür andere doppelt so lange bräuchten. Ein gut durchdachter Plan ist für solche Organisationstalente Trumpf und Zeitverschwendung ein Fremdwort. Was nicht heißt, dass sie sich nach getaner Arbeit nicht auch mal ein gemütliches Stündchen gönnen.

Da sie so gut organsiert sind, kommen Schlauberger-Eltern nur sehr selten zu spät zu einer Verabredung oder einer Veranstaltung. Geht ihnen doch mal ein Termin durch die Lappen, ist das die absolute Ausnahme. Und sicherlich einer Ausnahmesituation geschuldet.

Verträumte, fahrige und anderweitig mental entrückte Lebensgefährten können Schlauberger-Menschen mächtig aus dem Tritt bringen. Oder auf die Palme: Wie kann man nur die Hälfte dessen vergessen, was schwarz auf weiß auf der Einkaufsliste steht! Jetzt hat das Kind schon wieder seine Zettel nicht in den Ranzen gepackt! Warum ist es bloß so schusselig!

Weniger gut organisierte Menschen sind Schlauberger-Typen ein Rätsel. Umgekehrt gilt natürlich dasselbe.

ERZIEHUNG? ABER LOGISCH!

Dass Schlauberger-Eltern ihr Familienleben so außergewöhnlich gut im Griff haben, hat nicht nur etwas mit ihrem Organisationstalent zu tun, sondern auch mit ihrem starken Bedürfnis, Kontrolle zu haben: über ihr Leben und was darin geschieht. So meinen sie, stets den Überblick behalten und der Fels in der Brandung sein zu müssen, da sonst das Familienleben womöglich den Bach runterginge. Das kann daher kommen, dass Schlauberger-Mütter oder -Väter bereits in ihrer Kindheit die Übersicht nicht verlieren durften – etwa, um selbst nicht dauerhaft zu kurz zu kommen oder um sich vor zu viel emotionaler Unsicherheit zu schützen.

Wer schon als Kind gelernt hat, dass es überlebensnotwendig ist, Kontrolle zu haben, wird als Erwachsener stets bemüht sein, das Ruder zu übernehmen und nicht mehr aus der Hand zu geben. Das Vertrauen, dass alles auch ohne ihren Beitrag gut laufen könnte, fehlt ihnen manchmal. Kommt es innerhalb der Familie zu Entwicklungen, über die ein Schlauberger-Elternteil keine Kontrolle mehr zu haben scheint, gerät sein Selbstbewusstsein schnell aus den Fugen.

Schlauberger-Eltern appellieren schon an den Verstand recht kleiner Kinder – so weit das eben möglich ist. Je älter die Kinder dann werden, desto mehr fordern sie Einsicht, Vernunft und Akzeptanz. Logisch denken heißt die Zauberformel. Wer das tut – so meinen Schlauberger-Eltern –, kann ihre Schlussfolgerungen nachvollziehen und ihre Ansichten auch teilen. Oder muss sie zumindest respektieren. Und dann – so die Hoffnung – ist das Kind auch bereit, das zu tun, was sie von ihm erwarten. Sie haben es ja ordentlich begründet. Es ist logisch, was wir sagen. Und in der Tat würdigen Kinder es, wenn ihnen ein Verbot erklärt wird: Sie wissen, dass die Eltern sich wirklich Gedanken machen und nicht einfach aus einer Laune heraus willkürliche Grenzen setzen. Wenn die Kinder verstehen, dass Mama und Papa das Skaten ohne Helm für zu gefährlich, regelmäßiges Fast-Food-Essen für zu ungesund oder einen Action-Thriller für nicht altersgemäß halten, sind sie eher geneigt, darauf zu verzichten. Kinder halten ihre Schlauberger-Eltern meistens für glaubhaft. Wenigstens bis zur Pubertät. Dann geht es den Schlauberger-Eltern ähnlich wie den Chef-Eltern: Sie werden in Frage gestellt und ihre Logik auf den Kopf.

VERNÜNFTIGE REGELN UND RITUALE

Schlauberger-Eltern haben ein sehr ausgeprägtes Wertebewusstsein und wollen dies auch an ihre Kinder weitervermitteln. Ob Pünktlichkeit, Verbindlichkeit oder Zuverlässigkeit: Stets sind die zu pflegenden Tugenden aus nachvollziehbaren Gründen vernünftig und deshalb vertretbar. Schlauberger-Eltern erziehen ihre Kinder nicht mit Platituden wie: »Das ist halt so!« oder: »Das macht man eben nicht!« Sie erklären ihren Kindern, dass es die lernenden Schüler stört, wenn jemand zu spät in den Unterricht platzt. Sie erläutern ihnen anhand eines praktischen Beispiels, warum es wichtig ist, sich aufeinander verlassen zu können. Auch hier setzen Schlauberger-Eltern auf die Vernunft des Kindes: Wenn es nur ein bisschen versteht, *warum* es wichtig ist, pünktlich zur Schule zu kommen, dann wird es morgens auch weniger bummeln – so zumindest die Hoffnung. Und wenn dem dann wider Erwarten doch nicht so ist, lautet die verzweifelte Frage: »Ich habe es dir doch schon so oft erklärt, warum kapierst du das denn nicht? Es kann doch nicht so schwer sein, das zu verstehen.« Dass hier ganz andere Kräfte walten könnten als die pure Ratio, ist für Schlauberger-Eltern schwer nachzuvollziehen. Versuchen sie dann auf sachlicher Ebene, das Verhalten des Kindes zu verstehen, müssen sie zwangsläufig scheitern, wenn die Gründe dafür irrationaler Natur sind. Oder anders gesagt: Wenn sich die Motive für das Verhalten dem rationalen Zugriff entziehen, da sie dem Unbewussten entspringen. Dass Menschen meistens ja doch unbewusst agieren, ist Schlauberger-Eltern manchmal eben nicht bewusst.

Zu der ausgeprägten Vorliebe für sinnvolle Regeln kommt bei Schlauberger-Eltern auch eine Schwäche für Rituale hinzu. Diese machen das Alltagsleben leichter und planbar. Auch Kinder profitieren von einer gewissen Routine im Tagesablauf. Ihnen ist klar, was wann wie zu geschehen hat; das Regelmäßige und Selbstverständliche bedarf keiner Erklärungen mehr. Das Kind fühlt sich in diese Abläufe eingebunden und daher sicher.

Nur manchmal passiert es Schlauberger-Eltern, dass Regeln und Rituale zu starr gehandhabt werden: Einmal *zuerst* vorlesen und *danach* Zähne putzen kommt nicht in Frage, auch nicht »ausnahmsweise«. Schlauberger-Eltern sind eben sehr konsequent. Manchmal sogar ein bisschen stur.

KONFLIKTE LÖSEN, GANZ PRAKTISCH

In Konflikten setzen Schlauberger-Eltern mehr auf praktische Lösungen denn auf emotionales Tamtam. Sie halten heftige Gefühlsausbrüche nicht unbedingt für nötig, wenn auch nicht ganz vermeidbar. Und sollte es dann doch so weit kommen, dass der Sohn herumschreit, die Tochter in Tränen ausbricht oder der Partner einen Wutanfall bekommt, so reagieren Schlauberger-Typen darauf möglichst überlegt. Das gelingt ihnen, indem sie sich nicht auf die emotionale Ebene des Kindes oder des Partners ziehen lassen. Sie sehen das alles ganz pragmatisch: Für jedes Problem gibt es eine Lösung. Oder einen guten Kompromiss. Schlauberger-Eltern können auch in heiklen Situationen einen kühlen Kopf bewahren und Konflikte mithilfe ihrer analytischen Fähigkeiten rasch versachlichen und entzerren. Das kann außerordentlich hilfreich sein und zu einer schnellen Problemlösung führen – vorausgesetzt allerdings, dass sich das Problem auch tatsächlich auf einer praktischen Ebene lösen lässt. Kinder kämpfen ja oft symbolisch, das heißt, sie wollen etwas auf der Handlungsebene durchsetzen, hinter dem sich aber ein emotionales Bedürfnis zum Beispiel nach Aufmerksamkeit oder Zuwendung versteckt.

Ein Beispiel: Der zehnjährige Patrick will partout nicht allein mit dem Fahrrad zum Fußballtraining fahren. Die Schlauberger-Mama versteht das Problem nicht, weil er das bisher doch auch immer gemacht hat. »Du sollst aber mitkommen!«, protestiert er. Sie hat jedoch mit dem kleinen Geschwisterkind einen anderen Termin: »Du weißt doch, dass ich das nicht kann, weil ich mit Max zur Turnstunde muss. Und der ist erst fünf und kann noch nicht allein dorthin fahren. Das musst du doch verstehen!« Sicherlich ist der Zehnjährige rein kognitiv in der Lage, das zu begreifen. Zufrieden ist er aber trotzdem nicht: »Ich will aber nicht!« Nun könnte sie ihm einen Kompromiss vorschlagen: »Ich kann dich vorbeifahren und nachher wieder abholen.« Das wäre eine praktische Lösung, mit der Patrick eventuell zufrieden sein könnte. Aber vielleicht ist er damit auch nicht wirklich glücklich. Denn hinter dem Wunsch Patricks steht womöglich das Grundbedürfnis nach ungeteilter Aufmerksamkeit, die die Mutter ihm zurzeit offensichtlich nicht in ausreichendem Maße geben kann. Patricks Bedürfnis bliebe selbst dann unbefriedigt, wenn die Mutter ihn mit dem Auto zum Sport bringen würde, obwohl er damit immerhin einen Teilerfolg erzielt hätte. Insofern hat die Mutter zwar recht mit der Aussage, dass sie nicht an zwei Orten gleichzeitig sein kann, die emotionale Seite von Patricks Wunsch findet aber zu wenig Berücksichtigung.

Mit schlauen Argumenten allein sind eben nicht alle Konflikte zu lösen. Hier könnten Schlauberger-Eltern sich von den Selbsterfahrungs-Eltern inspirieren lassen.

Was Schlauberger-Eltern besonders wichtig ist

- → Vernunft in der Erziehung als wichtiges Element
- → gut durchgeplanter Tagesablauf und strukturiertes Familienleben
- → souveränes Familienmanagement
- → begründete Regeln und Rituale in der Erziehung

- → den Kindern wird viel erklärt, logisches Denken wird gefördert
- → Verständnis und die Einsichtsfähigkeit des Kindes werden gefordert
- → Konflikte werden auf einer sachlichen Ebene gelöst

Kleiner Konstitutions-Check: Zoff im Kinderzimmer – Sind Sie eine reflektierte Schlauberger-Mama?

Wenn Sie erfahren wollen, ob Sie eine kompetente Schlauberger-Mutter sind, machen Sie doch einfach folgenden kleinen Reaktionstest:

Stellen Sie sich folgende Situation vor: Während Sie in der Küche das Mittagessen vorbereiten, herrscht im Kinderzimmer einträchtige Ruhe. Leises Geplapper und etwas lauteres *LEGO*-Geklapper lassen darauf schließen, dass Ihre Kinder friedlich miteinander spielen. Plötzlicher Lärm und heftiges Geschrei lassen Sie hochschrecken. Und schon kommt Ihr fünfjähriger Sohn Lukas schluchzend aus dem Kinderzimmer gelaufen: »Mama, Mama, der Jakob ist so gemein! Der hat mir meinen *LEGO*-Turm umgeschmissen. Ganz mit Absicht!« Er weint und ist sichtlich wütend auf seinen siebenjährigen Bruder.

Wie reagieren Sie?

ERSTE REAKTIONSMÖGLICHKEIT: KIND EINS TRÖSTEN, KIND ZWEI DROHEN

Sie nehmen Ihren Kleinen in den Arm und streicheln ihm über den Kopf. »Das ist aber wirklich doof von Jakob.« Sie wischen ihm die Tränen ab und schicken ihn wieder zum Spielen: »So, nun aber wieder ab ins Kinderzimmer. Ich muss hier noch die Kartoffeln schälen. Sag Jakob, dass er das nicht noch einmal machen soll, sonst gibt es Ärger.« Der Kleine trollt sich missmutig und schimpft im Kinderzimmer noch ein bisschen herum. Innerlich zucken Sie die Schultern. »Was soll's, so sind Geschwister eben nun mal«, denken Sie und setzen Ihre Arbeit fort.

Ziemlich gelassen, Ihre Reaktion. Sie zeigen Verständnis für den Kummer Ihres Kleinen, ohne das Geschehen allzu sehr zu dramatisieren. Allerdings fördern Sie so die »Petz«-Kultur: Wer der Mutter von den Missetaten des anderen erzählt, bekommt eine extra Portion Zuneigung und Trost. Und darf dem anderen auch noch Strafe androhen.

Vielleicht könnten Sie Ihr jüngeres Kind auch nach seinem Anteil an dem Streit befragen: »Und du, hast du Jakob denn auch geärgert, dass er so wütend geworden ist?« Manchmal sind Kinder verblüffend ehrlich, wenn sie wissen, dass sie dafür nicht bestraft oder ausgeschimpft werden.

Insgesamt gilt: So wenig Partei für ein Kind ergreifen wie möglich. Ausnahme: Das Kind ist mehr als vier Jahre jünger und deutlich unterlegen, oder eines tut dem anderen sehr weh. Hier muss natürlich das Jüngere bzw. das Schwächere geschützt werden. Wobei die vermeintlich Schwächeren ja oft sehr raffinierte Streit-Strategien entwickeln und den anderen etwa durch gezielte verbale Provokationen zur Weißglut treiben können.

ZWEITE REAKTIONSMÖGLICHKEIT: SCHIMPFEN UND STREIT UNTERBINDEN

Sie könnten auch ins Kinderzimmer gehen und mit Jakob schimpfen: »Immer musst du deinen kleinen Bruder ärgern. Lass das bitte! Entschuldige dich bei Lukas und hilf ihm gefälligst dabei, den Turm wieder aufzubauen. Ich muss Essen kochen, und solange spielt ihr hier bitte in Ruhe zusammen. Vertragt euch wieder!« Sie kehren leicht entnervt zu Ihrem Kartoffeltopf zurück.

Eine absolut verständliche Reaktion, wenn man diese kleinen fiesen Geschwisterstreitigkeiten von morgens bis abends ertragen muss und eine deutliche Entspannung auch nach der siebten liebevollen Intervention nicht eintritt. Irgendwann hat man einfach nicht mehr die Nerven, sich geschickt, verständnisvoll oder pädagogisch wertvoll zu verhalten. Da rutscht einem schon mal die eine oder andere Verallgemeinerung raus oder es platzt einem einfach der Kragen. Die Kinder werden keinen Schaden nehmen, wenn Sie ab und zu so reagieren. Das stecken sie schon weg.

Sollten Sie aber insgesamt dazu neigen, Streit schlecht zu ertragen, gehören Sie vielleicht zu der Fraktion der Kuschel-Mamas, die Aggressionen eigentlich für überflüssig halten. Bedenken Sie in diesem Fall, dass Geschwister im geschützten Rahmen der Familie ein ideales Übungsfeld haben, um sich für ihre Interessen einzusetzen, Konkurrenzkämpfe auszufechten und auch mal Niederlagen einzustecken. Auch wenn es nervt: Versuchen Sie, die Geschwisterrivalität als etwas Positives zu sehen, wenigstens ab und zu.

Und geschwisterliche Eintracht zwischen zwei Streithähnen einzufordern, ist ohnehin recht aussichtslos. Da hilft nur eins: Stärken Sie Ihre Nerven. Trinken Sie einen Tee, nehmen Sie Vitamin B, verabreden Sie sich mit einer lieben Freundin. Reden Sie sich Ihre Gereiztheit von der Seele oder vergessen Sie diese beim Sport oder in der Sauna. Seien Sie gewiss: Die heiklen und nervigen Streitphasen gehen vorbei.

DRITTE REAKTIONSMÖGLICHKEIT: ERKLÄRUNG EINHOLEN, KLARE ANSAGEN MACHEN

Sie könnten auch folgendermaßen reagieren: Sie gehen mit Ihrem Kleinen ins Kinderzimmer und fragen den angeblichen Übeltäter nach seinem Motiv: »Jakob, warum hast du denn Lukas' Turm umgeschmissen?« – »Weil der Lukas mir einen Stein geklaut hat.« – »Aha. Lukas, das ist auch von dir nicht sehr nett gewesen. Aber Jakob, das ist noch lange kein Grund, den schönen Turm umzuschmeißen. Ich möchte nicht, dass du kaputt machst, was Lukas gebaut hast. Sicher hat er sich sehr viel Mühe damit gegeben.«

Sie versuchen, das Geschehene zu verstehen und gerecht zu sein. Das ist zwar gut gemeint, leider bringt die »Warum«-Frage Ihren Sohn in eine unangenehme Situation: Er muss sich wie ein Angeklagter verteidigen bzw. sein Verhalten rechtfertigen. Aber immerhin bekommt ja auch Lukas sein Fett weg, so dass hier wenigstens für ausgleichende Gerechtigkeit gesorgt ist.

Klare Ansagen wie in diesem Beispiel (»Ich möchte nicht, dass ...«) sind ein probates Mittel, weil Sie den Kindern damit Verhaltensmaßstäbe setzen, an denen sie sich gut orientieren können. Das reicht oft schon aus, um einen kleineren Konflikt zu entschärfen.

VIERTE REAKTIONSMÖGLICHKEIT: STREIT ANALYSIEREN, SACHLICH BLEIBEN

Sie bleiben gelassen und hören Ihrem Sohn ruhig zu. Anschließend rufen Sie den anderen Sohn zu sich in die Küche, um den Sachverhalt zu klären, während Sie weiter die Kartoffeln schälen: »So, ihr beiden, nun erzählt mir doch mal, wie das so war mit eurem Streit!« Daraufhin wiederholt Lukas entrüstet: »Der Blödmann hat meinen Turm umgeschmissen, der ist jetzt ganz kaputt!« – Jakob erwidert leicht betreten: »Ja, aber der Lukas hat angefangen, der hat mir nämlich einen *LEGO*-Stein geklaut!« – »Ja, den brauchte ich aber und du hast ihn mir ja nicht gegeben!« – »Ich hatte den ja auch zuerst!« Die Jungs reden sich in Rage, während Sie einfach nur zuhören. Schließlich ergreifen Sie das Wort: »Habe ich das richtig verstanden: Lukas, du wolltest einen Stein von Jakob haben, und der hat ihn dir nicht gegeben?« Lukas nickt. »Dann hast du ihn dir einfach genommen, und Jakob ist dann so sauer deswegen geworden, dass er aus Wut deinen Turm umgeschmissen hat?« Beide nicken. Schweigen. »Hm, ich verstehe. Dann seid ihr also beide an dem beteiligt, was passiert ist«, sagen Sie und schälen immer schön weiter Ihre Kartoffeln. »Und was wollt ihr nun machen?« Die Jungs sind sich einig: »Weiter mit *LEGO* bauen.« Und schon verschwinden sie wieder im Kinderzimmer.

Glückwunsch, eine sehr souveräne Reaktion! Sie lassen sich auf keine Seite ziehen, beschuldigen niemanden, klären den Streit auf eine sachliche, fast nüchterne Art, schimpfen oder moralisieren nicht, kurzum: Sie halten sich mit Ihrer eigenen Meinung zurück und ermöglichen den Jungen so, eine eigene Lösung für den Konflikt zu finden. Und der lautet: Einfach weiterspielen.

Lukas wird klar, dass er an dem Streit beteiligt war und Jakobs Reaktion zumindest provoziert hat. Jakob, der wahrscheinlich ohnehin ein schlechtes Gewissen hat, wird nicht noch zusätzlich durch Maßregelung beschämt, sondern kann frei heraus zugeben, dass er so wütend war, dass er den Turm umgeworfen hat.

Außerdem signalisieren Sie, dass Sie dem Vorfall zwar Aufmerksamkeit widmen, aber nicht bereit sind, deswegen gleich alles stehen und liegen zu lassen. Indem Sie schön weiter Ihre Kartoffeln schälen, relativieren Sie bereits die Bedeutung des Kinderzimmer-Zoffs. Und natürlich kommen Sie so auch zeitlich nicht in Verzug. Eine kluge Lösung!

Wenn Sie sich (zumindest gelegentlich) so verhalten, sind Sie eine wirklich probate Schlauberger-Mutter!

Dispositionen: Wofür Schlauberger-Eltern manchmal anfällig sind

FALLE I
»SEI DOCH VERNÜNFTIG!« – WENN SCHLAUBERGER-ELTERN ZU WENIG AUF GEFÜHLE EINGEHEN

Schlauberger-Eltern neigen dazu, Konflikte und Probleme auf einer sachlichen Ebene zu klären. Dabei hilft ihnen ihre praktische Vernunft. Das kann sehr hilfreich und nützlich sein. Manchmal aber spielt sich hinter einem dargebotenen Konflikt etwas ganz anderes ab, wie im oben erwähnten Beispiel des zehnjährigen Patrick. Dieser wünscht sich die ungeteilte Aufmerksamkeit der Mutter, bringt das aber nur indirekt zum Ausdruck, nämlich durch eine Verweigerungshaltung. Es kann sein, dass eine Schlauberger-Mutter diese Reaktion nicht hinterfragt, sondern als Trotz oder Unwilligkeit missinterpretiert. Appelliert die Mutter in einem solchen Fall auch noch an seinen Verstand, weil er ja der größere Bruder sei, fühlt Patrick sich auf der emotionalen Ebene noch mehr vernachlässigt.

Ohnehin ist ein elterlicher Spruch wie »Sei doch vernünftig!« insofern unvernünftig, als er wenig hilfreich ist. Denn wenn es um emotionale Bedürfnisse geht, rücken sowohl Verstand als auch Selbstbeherrschung zwangsläufig in den Hintergrund. Und das ist zutiefst menschlich.

Du
es
Sie
Es

WAS HILFT?

Mit pragmatischen Überlegungen allein ist es in vielen Konfliktsituationen nicht getan. In solchen Momenten ist weniger organisatorisches Knowhow gefragt, sondern vielmehr Einfühlungsvermögen. Mag sein, dass uns das im Alltag gelegentlich abhandenkommt: Niemand kann immer empathisch sein und gedanklich ausschließlich um eine vermutete oder tatsächliche Befindlichkeit des Kindes kreisen. Das geht nicht und ist auch unnötig. Dennoch ist es manchmal wichtig, hinter die Fassade zu schauen.

Wenn Sie dazu neigen, mit persönlichen Schwierigkeiten pragmatisch umzugehen, dann könnten Sie sich in Konfliktsituationen öfter einmal Folgendes fragen:

- Welche emotionale Botschaft steckt hinter dem, was mein Kind äußert? Worum geht es ihm wirklich? Hinter Unlust verbirgt sich manchmal Überforderung, hinter Wut manchmal Trauer, hinter einem Vorwurf manchmal ein Schuldgefühl, hinter Aggression ein Gefühl von Einsamkeit.
- Fällt es Ihnen schwer, sich auf die Gefühlsebene zu begeben? Was fürchten Sie, könnte schlimmstenfalls passieren?
- Ist in Ihrer Herkunftsfamilie offen über Gefühle und Bedürfnisse gesprochen worden? Was war erlaubt, welche Tabus gab es?

FALLE 2
»DAS MUSST DU DOCH VERSTEHEN!« – WENN SCHLAUBERGER-ELTERN ZU VIEL VERSTÄNDNIS ERWARTEN

Schlauberger-Eltern erwarten oft, dass ihre Kinder ein Einsehen haben. Dafür erklären sie ihnen viel und appellieren auch mitunter kräftig an deren Verstand. Sie hoffen, dass die Kinder dann aus freien Stücken bereit sind, »vernünftig« zu handeln. Es ist wichtig, Kindern die Regeln des Straßenverkehrs beizubringen und ihnen klarzumachen, dass es gefährlich ist, ohne zu schauen auf die Straße zu laufen. Kinder halten sich dann oft an diese Regeln, allerdings nicht unbedingt, weil sie die Gefahrenquellen des Verkehrs tatsächlich rational einzuschätzen vermögen, sondern weil sie den Aussagen ihrer Eltern glauben und vertrauen. Bei besonderen Verlockungen fällt es Kindern allerdings schwer zu widerstehen.

Natürlich ist es wichtig, dass wir Eltern unseren Kindern erklären, dass Süßigkeiten nicht sonderlich gesund sind. Wer dann allerdings erwartet, dass das Kind hinfort aus purer Einsicht und freien Stücken auf Gummibärchen und Schokolade verzichten wird, überfordert das Kind. Es soll freiwillig auf etwas verzichten, was es doch so gerne hätte. Das fällt auch Erwachsenen oft schwer.

WAS HILFT?

Neigen Sie dazu, oft an die Vernunft und das Verständnis Ihres Kindes zu appellieren?

- Dann überlegen Sie einmal kurz, ob Sie selbst so vernünftig sind, wie Sie vielleicht gerne wären. Haben Sie nicht auch Ihre kleinen unvernünftigen, liebenswerten Angewohnheiten?
- Wenn Ihr Kind Ihrer Aufforderung »Jetzt ist aber Schluss mit den Chips!« oder »Mach bitte den Fernseher aus« Folge leisten, genügt das. Hauptsache, Sie schützen es vor übermäßigem Fettverzehr oder übertriebenem Fernsehkonsum. Ob es

die Richtigkeit Ihrer Entscheidung zu würdigen weiß, ist eher nebensächlich.

- Was haben Sie davon, wenn es auch noch zusätzlich Einsicht zeigt? Fällt es Ihnen dann leichter, Ihre Forderungen durchzusetzen? Woran könnte das liegen?

FALLE 3
WER KLUG ARGUMENTIERT, HAT RECHT! – WENN SCHLAUBERGER-ELTERN ALLES BESSER WISSEN

Da Schlauberger-Eltern oft sehr vernunftbegabt sind, sind sie auch manchmal felsenfest davon überzeugt, die einzig wahre, ja die »richtige« Ansicht zu vertreten. Dabei folgen sie nicht unbedingt konventionellen Denkmustern, sondern können durchaus intellektuelle Höchstleistungen vollbringen. Das, was andere denken, ist dann folgerichtig inakzeptabel, da unlogisch, zu kurz gedacht oder einfach dumm.

Solchen Schlauberger-Eltern fällt es manchmal schwer, andere Ansichten zu akzeptieren oder einfach im Raum stehen zu lassen. Je abstruser die Gedankengänge eines anderen dem Schlauberger erscheinen, desto mehr fühlt er sich berufen, diesen »Unsinn« zu widerlegen.

Für Kinder kann es manchmal schwierig sein, solche Schlauberger-Eltern zu haben, die immer alles besser zu wissen scheinen. Einerseits sorgen sie durch ihr Wissen für Klarheit und bringen ihnen vieles bei. Doch die Messlatte ist hoch. Den Kindern bleiben im Grunde zwei Möglichkeiten: Entweder sie werden mindestens ebenso schlau wie Mama/Papa oder sie entziehen sich der rationalen Werteskala, verweigern sich einem »vernünftigen« Leben und leben die verdrängten Wünsche der Eltern in vollen Zügen aus.

WAS HILFT?

Beharren Sie oft auf Ihrer Meinung? Fällt es Ihnen schwer, anders lautende Ansichten unkommentiert zu lassen? Verbessern Sie andere oft? Dann könnten Sie gelegentlich mal überprüfen, ob Sie womöglich zu »besserwisserisch« rüberkommen.

- Bitten Sie mehrere Menschen Ihres Vertrauens oder Ihre Kinder um eine ehrliche Rückmeldung: Wirke ich manchmal rechthaberisch?
- Wenn Sie sich das nicht trauen, versetzen Sie sich einfach in deren Lage und überlegen Sie, was diese antworten würden, wenn Sie sie fragten.
- Gleichen Sie dann die Fremdwahrnehmung mit der Selbstwahrnehmung ab: Fühle ich mich so selbstbewusst und oberschlau, wie andere mich vielleicht wahrnehmen? Oder schlummert darunter doch auch noch ein unsicheres Wesen, das seine Meinung so vehement vertreten muss, da es fürchtet, sonst nicht gehört zu werden?
- Erlaube ich mir nicht, Selbstzweifel zuzulassen oder gar zu äußern? Was könnte dann passieren?

FALLE 4
NIX ZU MELDEN? – WENN SCHLAUBERGER-PARTNER DOMINANT SIND

Es gibt viele Paare, bei denen ein Partner der deutlich dominantere zu sein scheint. Das ist eine relativ häufig anzutreffende Paarkonstellation, die offenbar für beide Seiten auch Vorteile hat. Wenn einer der beiden Partner der Bestimmer ist, profitiert auf eine gewisse Weise auch der andere davon. Entweder, weil er die Verantwortung scheut und einfach selber kein Bestimmer sein will. Das heißt aber nicht zwangsläufig, dass es dem nicht dominanten Elternteil in einer solchen Partnerschaft schlecht gehen muss.

Da Schlauberger-Typen ohnehin zur Dominanz tendieren, trifft man naturgemäß eher selten auf Paare, bei denen beide Partner über eine ausgeprägte Schlauberger-Konstitution verfügen.

Manche Schlauberger-Partner sind in ihrer Partnerschaft allerdings dermaßen dominant, dass es im Freundeskreis manchmal zu Irritationen kommt: Warum lässt Herr X. sich von Frau X. bloß so herumkommandieren? Wie demütigend! – Warum haut Frau Y. nicht mal auf den Tisch, wenn ihr Freund sie dauernd so oberlehrerhaft vollquatscht? – Kein Wunder, dass Frau Z. immer das Gefühl hat, sie habe mit ihrem Mann bloß noch ein weiteres Kind – wenn er sich immer aufführt wie ein ungezogenes Kind und sie sich wie eine schimpfende böse Mutter.

In der Tat spricht man hier von Reinszenierungen der Kindheit: Viele Paare versuchen, durch ihre Partnerwahl bestimmte Situationen immer wieder herzustellen, um – hoffentlich – irgendwann aus dem Verhaltens-Karussell einmal aussteigen zu können. Leider gelingt das vielen dann doch nicht, und das Spiel wiederholt sich in einer unproduktiven Endlosschleife.

WAS HILFT?

Wenn Sie meinen, ein dominanter Schlauberger-Partner zu sein, fragen Sie sich doch einfach mal nach den Ursachen für Ihr Verhalten:

- Wann haben Sie gelernt, dass es gut ist, Kontrolle über sich und andere zu haben?
- Haben Sie die Erfahrung gemacht, dass es für Sie leidvoll ist, wenn andere Kontrolle über Sie haben?

Was für Erfahrungen waren das? Wie alt waren Sie damals?
- Mal ganz vernünftig gedacht: Könnte Ihnen das heute wieder geschehen?

Sollten Sie mit einem dominanten Schlauberger-Partner verheiratet sein, lohnt es sich umgekehrt zu fragen:

- Welche Erfahrungen haben Sie mit Macht und Dominanz eines Elternteils gemacht?
- Welche Strategien haben Sie entwickelt, um damit klarzukommen?
- Nutzen diese Strategien Ihnen heute in Ihrer Ehe?

FALLE 5
SCHÖN REDEN ODER SCHÖNREDEN?
WENN SCHLAUBERGER-ELTERN RATIONALISIEREN

Weil manche Schlauberger-Eltern meinen, recht zu haben und sich dadurch auch im Recht fühlen, fällt es ihnen schwer, unterlaufene Fehler oder Ungeschicklichkeiten zuzugeben. Auch im Nachhinein haben sie wunderbare und logisch klingende Erklärungsmuster für ihr Verhalten parat, so dass sie gelegentlich unangreifbar oder unnahbar wirken. Kritik prallt an ihnen ab, weil es für ihre Handlungsweisen auch rückwirkend immer gute Gründe gibt, die der andere dann zu respektieren hat, weil sie ja schließlich auf einer gewissen Logik fußen.

Eine solche Strategie nennt man in der Psychologie »rationalisieren«: Man begründet scheinbar sachlich bestimmte Reaktionsweisen, die oft rein emotionaler Natur sind. Dadurch verschiebt man das Emotionale auf eine vermeintlich rationale Ebene. Und außerdem sind meistens ohnehin die anderen schuld.

Sinn und Zweck der ganzen Aktion: Selbstschutz und Bequemlichkeit. Man muss sich weder mit den Vorwürfen des anderen auseinandersetzen noch mit den eigenen Gefühlen. In diesem Vermeidungsverhalten sind Schlauberger-Eltern oft sehr geschickt: Unangenehme Empfindungen werden per Verstand ausgeblendet. Das beherrschen glücklicherweise alle Menschen mehr oder weniger, sonst wäre das Leben schwer zu ertragen. Schlauberger-Eltern sind jedoch wahre Meister im Rationalisieren. Der Clou an der Sache: Sie merken gar nicht, dass ihnen dadurch so einige interessante (Selbst-)Erkenntnisse durch die Lappen gehen, die für eine psychische Reifung durchaus von Vorteil sein könnten.

Besonders für Kinder ist es schwierig, wenn Mutter und Vater sich durch die Kunst des Rationalisierens als unantastbar erweisen. Denn dadurch entsteht eher Distanz als emotionale Nähe, und das Kind prallt in dem Gefühl, ungerecht behandelt worden zu sein, entweder ab, oder es muss sich sogar noch den Schuh anziehen, ja selbst schuld an der elterlichen Reaktion zu sein.

WAS HILFT?

Neigen Sie dazu, für nicht sehr vorbildliches Verhalten gute Gründe zu suchen, anstatt einfach zu sagen: »Oh, so hast du das empfunden? Es tut mir leid, wenn ich dir damit wehgetan habe, das wollte ich nicht«? Dann lauschen Sie doch mal selbstkritisch den eigenen Erklärungen. Hören Sie sich etwa so an: »Wenn du dich so unmöglich verhältst, ist es ja wohl logisch, dass ich sauer werde.« – »Ich bin ja nur so laut geworden, weil du mich vorher so angeschrien hast«? Dann könnten Ihnen folgende Überlegungen weiterhelfen:

- Könnte es auch noch ganz andere Gründe geben, warum Sie so wütend oder genervt waren? Vielleicht hat Ihr Kind einen wunden Punkt bei Ihnen getroffen? Oder Sie haben einfach schlechte Laune? Oder Sie konnten aus einem anderen Grund nicht souverän bleiben?
- Bedenken Sie: Kinder lösen Gefühle nur aus, sie sind aber nicht schuld daran, wie Sie sich fühlen. Übernehmen Sie selbst die Verantwortung für Ihre Gefühle und auch für Ihr Verhalten – ganz ohne es wortreich zu erklären und zu entschuldigen. Auch wenn es schwerfällt.
- »Tut mir leid, dass ich dich so angeschrien habe, das war nicht nett von mir.« Ein solcher Satz ist einfach und heilsam zugleich. Und Sie können sich sämtliche schlauen Erklärungen sparen.

Schlauberger-Eltern sind wunderbar …
… wenn sie neben der Vernunft auch Gefühle ernst nehmen!

Eltern mit hoher Schlauberger-Kompetenz sind kluge Menschen, die ihren Kindern viel erklären und sie schon früh im Gebrauch ihres Verstandes schulen. Sie bauen sowohl im Leben als auch in der Erziehung auf Logik und glauben an die Kraft der Vernunft. Sie sind gut organisiert und meistern auch stressige Lebensumstände mithilfe ihres pragmatischen Denkens. Sie sind oft gute Redner mit einer klaren Haltung und bleiben redend und denkend gerne auf der Sachebene. Und wenn sie es auch noch schaffen, die emotionale Komponente des Lebens kongenial in die Erziehung einzubinden, sind sie wunderbar schlaue und aufmerksame Eltern.

Der Schnelltest zum Erziehungsstil: Bestimmen Sie Ihren Coach-Faktor

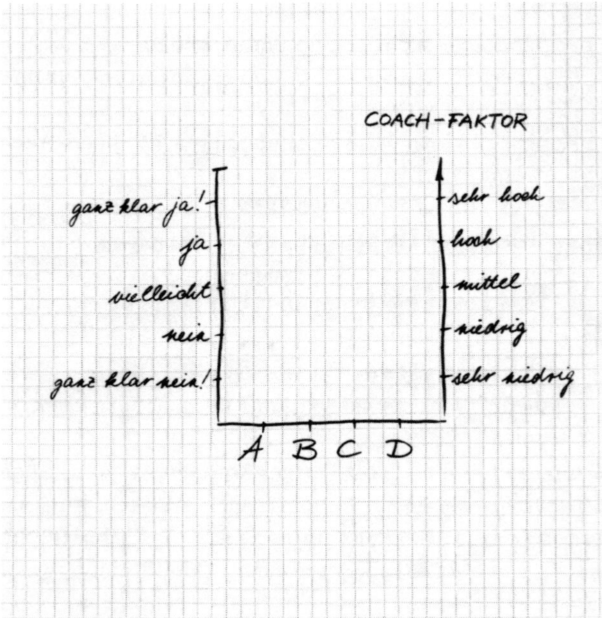

A: Ich setze alles mir Mögliche daran, mein Kind in seiner Entwicklung maximal zu fördern.

B: Mein Kind soll all seine kreativen und kognitiven Potenziale entfalten können.

C: Mein Kind darf bei vielen Entscheidungen, die ich treffe, mitbestimmen.

D: Ich lege großen Wert darauf, dass mein Kind möglichst früh lernt, seine Probleme selbstständig zu lösen.

Die Coaching-Formel: Fördern, fördern, fördern

Das Erziehungs-Credo der Coach-Eltern: Begleiten und unterstützen

Der Coach-Erziehungsstil ist derzeit »in«, besonders in den gehobenen Schichten und bei gebildeteren Menschen. Kinder zu haben ist für viele Coach-Eltern eher ein Akt der Selbstverwirklichung als eine konventionelle Selbstverständlichkeit. Mütter, die den Coach-Erziehungsstil pflegen, können meistens schon ganz schöne berufliche Erfolge verzeichnen, bevor sie sich dann im Alter von Mitte bis Ende dreißig der Familiengründung widmen.

Coach-Väter wissen, dass ein männliches Vorbild wichtig für die Entwicklung der Kinder ist: Besonders für ihre Söhne wollen sie präsenter sein, als ihre eigenen Väter das je waren. Sie wollen bewusst an der Entwicklung des Kindes teilhaben und sind bereit, sich zeitlich und emotional zu engagieren – zumindest im Rahmen ihrer Möglichkeiten, also ohne ihre Karriere zu vernachlässigen.

Für Coach-Eltern sind Kinder Luxus, den man sich bewusst gönnt. Sie sind das heiß ersehnte i-Tüpfelchen auf dem ohnehin bereits recht erfolgreichen Leben. Die Kinder werden damit zu potenziellen Glücksbringern. Sie sollen glücklich werden, aber nebenbei bitteschön auch ein bisschen glücklich machen.

POTENZIALE SUCHEN, TALENTE FÖRDERN

Damit das gelingt, sind Coach-Eltern bereit, viel Geld und Förderung in ihren Nachwuchs zu investieren. Die kreativen Talente zu wecken und auch alle weiteren besonderen Begabungen ihrer Nachkommen zu fördern, ist ihnen dabei besonders wichtig. Um die schlummernden Potenziale zu finden, müssen sie aber auch rechtzeitig gesucht werden. Damit lassen sich Eltern, die von der Coaching-Formel überzeugt sind, keine Zeit. Schon intra-uterin wird das Baby mit Mozart beglückt. Wenn es auf der Welt ist, bekommt es ausschließlich pädagogisch hochwertiges Spielzeug. Coach-Mütter singen und sprechen bewusst viel mit ihren Kindern, tragen sie im Tragetuch herum und beobachten jeden klitzekleinen Entwicklungsschritt mit großer Freude.

Gut möglich, dass die Coach-Mutter mit ihrem drei Monate alten Säugling von der Babymassage zum Schwimmkurs hetzt, um anschließend noch rasch beim PEKIP-Kurs im Mütterzentrum vorbeizuschauen. Später kommen dann musikalische Früherziehung, Ballettstunde oder der Fußball-Mini-Club dazu, der Kurs im kreativen Malstübchen und die wöchentlichen Englisch-Lektionen für Vorschulkinder. Schließlich glauben Coach-Eltern, dass ihre Kinder schlau werden müssen, wenn sie in der Welt erfolgreich bestehen wollen. Sei es durch Bewegung, Musik oder sprachliche Frühförderung: Die Synapsen wollen stimuliert werden, und zwar von Anfang an.

So ist es Coach-Eltern auch besonders wichtig, den Wissensdurst des Kindes zu stillen. Besonders in Bezug auf Hobbys und Interessengebiete zeigen sie sich entsprechend spendabel: Tier-Lexika, Kinder-Atlanten, PC-Lernspiele, eine hübsche Motorikschleife und illustrierte Englisch-Wörterbücher für Kleinkinder finden sich sicher in jedem Haushalt, der von Coach-Eltern geführt wird. Außerdem stapeln sich im Regal wahrscheinlich Puzzles, Bauklötze und Würfelspiele, die der Förderung der Feinmotorik und der Konzentrationsfähigkeit dienlich sind.

Überhaupt sind Coach-Eltern ziemlich gut darüber informiert, wie sie ihr Kind am besten in seiner Entwicklung unterstützen können: Entsprechende Ratgeber stapeln sich schon seit der Schwangerschaft auf dem Nachttischchen, hin und wieder liefert eine Elternzeitschrift neue Erkenntnisse über angemessene Fördermaßnahmen.

GLEICHWERTIGKEIT DER KINDER

Auch in Sachen Erziehung liegen Coach-Eltern voll im Trend: Erziehung ist für sie keine Frage von Machtausübung oder Durchsetzungsvermögen. Sie gehen mit den Kindern partnerschaftlich um und sind gerne ihre guten Freunde, mit denen sie über (fast) alles reden können. Das Familienleben gestaltet sich demokratisch, die Kinder dürfen in nahezu allen Belangen mitentscheiden. Ob Mittagessen oder Familienurlaub, ob Kleidungsfragen oder Lebensmitteleinkauf: Die Kleinen haben stets ein gehöriges Wörtchen mitzureden. Und wenn es Konflikte gibt, wird alles demokratisch ausdiskutiert. Deshalb sind in Coach-Familien Familienkonferenzen in allen Variationsmöglichkeiten quasi an der Tagesordnung.

Wenngleich auch Coach-Eltern natürlich die Verantwortung für das unmündige Kind tragen und insofern die »natürlichen« Chefs sind, so sehen sie doch in ihrem Kind von Anfang an eine eigenständige und starke Persönlichkeit. Deren Willen gilt es anzuhören, ernst zu nehmen und stets zu respektieren. Das heißt natürlich nicht, dass Eltern mit hohem Coach-Faktor ihren Kindern jedes heiß ersehnte Paar Markenschuhe oder sofort das ultimative Lieblings-Game-Boy-Spiel kaufen. Kritisch sind Coach-Eltern durchaus. Dennoch ist es ihnen wichtig, die Interessen des Kindes zu kennen und ihre Meinung zu bestimmten Produkten einzuholen. Und oft mangelt es gecoachten Kindern materiell an nichts.

ERZIEHUNGSZIEL: FRÜHE SELBSTSTÄNDIGKEIT

Auch wenn von echter Gleichberechtigung aufgrund der Alters- und Erfahrungsunterschiede zwischen Eltern und Kindern natürlich nicht die Rede sein kann, so halten Eltern, die den Coaching-Kurs eingeschlagen haben, ihre Kinder für absolut gleichwertig. Da in Coach-Familien selten mehr als ein oder zwei Kinder aufwachsen, stehen diese meist auch deutlich im Mittelpunkt der Aufmerksamkeit. Dennoch legen Coaching-erprobte Eltern Wert darauf, dass die Kinder ihr Leben aktiv selbst gestalten. Viele von ihnen halten Hobbys für unverzichtbar und freuen sich, wenn ihr Kind in der Theater-AG mitmacht, außerdem noch zum Judo geht und Geige lernt. Vermeintlich faule und lustlose Kinder, die keinen Spaß an aktiver Freizeitgestaltung finden, sondern lieber lesend oder telefonierend auf dem Bett herumhängen, finden bei Coach-Eltern wenig Anerkennung. Sie neigen dazu, solch typisches Teenager-Verhalten als eine Variante von Lebensuntüchtigkeit und mangelnder Lebensfreude zu interpretieren.

Der Coach-Elterntyp ist derzeit auch bei Erzieherinnen, Lehrern und Politikern recht beliebt. Denn wir brauchen ja starke, kluge, verantwortungsbewusste Menschen, die unser Land ordentlich voranbringen. Arbeitgeber setzen zunehmend auf flexible, konfliktfähige und selbstständig denkende Mitarbeiter – zumindest behaupten sie das ständig. Außerdem wird von unseren Kindern schließlich lebenslanges Lernen erwartet. Dafür üben sie heutzutage ja schon in der Grundschule. Sie lernen dort nicht mehr ausschließlich

Lesen, Schreiben und Rechnen und bekommen mehr oder weniger unwichtiges Sachwissen eingetrichtert, nein, sie lernen jetzt das Lernen selbst. Die Kids von heute sollen schließlich in die Lage versetzt werden, sich schnell und selbstständig in neue Lernfelder einzuarbeiten. Beliebte Werkzeuge hierfür sind Wochenplan, Werkstattarbeit und individualisiertes Lernen. Dass Coach-Eltern für diese Art des Unterrichts phänomenal gute heimische Vorarbeit leisten, liegt auf der Hand.

HILFE ZUR SELBSTHILFE

Denn schließlich bieten Coach-Eltern ihren Söhnen und Töchtern bedingungslose Unterstützung in allen Entwicklungsphasen und Lebenslagen: Sie coachen ihr Kind.

Der Begriff »Coach« ist der Berufswelt entliehen. Er leitet sich von englisch: »coach«, »Kutsche« ab. Im übertragenen Sinne ist damit Begleitung, Motivierung und das Trainieren bestimmter Handlungsweisen gemeint. Der Coach leistet sozusagen Hilfe zur Selbsthilfe auf Augenhöhe. Er bestimmt nicht, was gemacht wird, er schreibt nichts vor oder kommandiert herum, sondern er hilft dem Gecoachten, Veränderungsprozesse einzuleiten, um ein selbst gesetztes Ziel zu erreichen. Das hört sich hochtrabend an, ist aber auf die Kindererziehung übertragen ganz einfach: Ein Kind zu »coachen« heißt, es darin zu unterstützen, seine aktuellen Bedürfnisse zu befriedigen – allerdings ohne ihm dabei die gesamte Arbeit abzunehmen. So gehen Coach-Eltern zu Recht davon aus, dass Kinder von Anfang an gewisse Ressourcen mitbringen, die es ihnen ermöglichen, dafür zu sorgen, dass sie bekommen, was sie brauchen: Ein Säugling weint beispielsweise, wenn er Hunger hat, müde ist oder kuscheln will. Insofern braucht ein Kind diese Fähigkeiten nur auszubauen und zu verfeinern, um gut für sich sorgen zu können.

Ein Beispiel: Die zweijährige Luise greift nach einem Becher mit Kakao, der auf dem Tisch steht. Sie ist aber noch zu klein, um ihn zu erreichen. Wenn sie jetzt »Will haben« ruft, würde jede andere Mutter schnell hinrennen und der Kleinen den Becher reichen. Eine überzeugte Coach-Mami aber ermuntert die kleine Luise, sich einen Hocker zu holen.

Was Coach-Eltern besonders wichtig ist

- → frühe Selbstständigkeit der Kinder
- → Hilfe zur Selbsthilfe
- → Entfaltung der kindlichen Potenziale und Fähigkeiten
- → Entdeckung und Förderung der Talente
- → Individualität des Kindes steht im Zentrum der erzieherischen Bemühungen
- → eher partnerschaftliches Verhältnis als hierarchische Struktur

Kleiner Konstitutions-Check: »Schule ist doof!« – Sind Sie eine gute Coach-Mama?

Wenn Sie wissen wollen, ob Sie über Coach-Qualitäten verfügen oder diese bereits perfektioniert haben, machen Sie doch mal den folgenden kleinen Reaktionstest:

Stellen Sie sich vor, eines Tages kommt Ihr achtjähriger Sohn nach Hause und verkündet lauthals: »Schule ist sowas von doof! In diese Scheißschule gehe ich nie wieder!« Wütend schleudert er die Schultasche in die Ecke, verschwindet in seinem Zimmer und wirft die Tür hinter sich zu.

ERSTE REAKTIONSMÖGLICHKEIT: DEN KOPF ZURECHTRÜCKEN

Sie könnten nun zum Beispiel Ihrem Sohn in sein Zimmer folgen und mit ihm ordentlich schimpfen: »Knall die Türen nicht so zu, das gehört sich nicht. Außerdem muss jedes Kind in die Schule gehen, so ist das nun mal.«

Gut, jetzt weiß der frustrierte Kerl, dass er keine Türen zuknallen darf und morgen wieder in die Schule muss. Das wusste er wahrscheinlich auch schon vorher. Wenn Sie so reagieren, gehen Sie zwar auf das Verhalten Ihres Kindes, nicht aber auf seine Gefühle ein. Unangenehme Nebenwirkung: Der Junge wird sich mit seiner Wut ziemlich allein fühlen.

- Bedenken Sie, dass Ihr Kind eher Ihren Zuspruch bzw. ein offenes Ohr benötigt als eine Belehrung. Denn ganz offensichtlich befindet es sich in einem emotionalen Ausnahmezustand. Natürlich ist es trotzdem möglich zu sagen, dass es keine Türen knallen soll. »Ich sehe, dass du wütend bist, aber ich möchte nicht, dass du die Türen so feste zuwirfst.« So in etwa würden es kompetente Selbsterfahrungs-Eltern machen.

ZWEITE REAKTIONSMÖGLICHKEIT: DARÜBER HINWEGSEHEN

Statt zu schimpfen könnten Sie den Vorfall einfach gepflegt ignorieren: »Au weia, hat der Junge schlechte Laune. Am besten lasse ich ihn jetzt in Ruhe. Er wird sich schon wieder abregen.«

Das hört sich gut an, weil der geplagte Junge wenigstens keinen Denkzettel verpasst bekommt und offensichtlich auch mal wütend sein darf.

Doch dient das geflissentliche Übergehen nicht eher meiner eigenen Bequemlichkeit? Hab ich vielleicht gerade einfach überhaupt keine Lust auf Stress?

Wir müssen nicht jede kindliche Missstimmung zu einem Riesen-Drama hochstilisieren. Auch wir sind mal mies drauf oder haben in stressigen Zeiten selbst keine guten Nerven. Das ist menschlich. Doch bei immer wiederkehrenden kindlichen Wutausbrüchen nutzt Wegschauen auf Dauer nichts. Im Gegenteil. Ein gewisses Risiko besteht schon, dass das Kind sich dann immer mehr in sich zurückzieht. Und Aggressionsausbrüche werden dann auch eher stärker als schwächer.

➢ Sie können Wutanfälle gut tolerieren. Aber ein bisschen mehr Mut, hinter dem Verhalten des Kindes nach den Gründen für seinen Zorn zu suchen, könnte manchmal nicht schaden.

DRITTE REAKTIONSMÖGLICHKEIT: DEN KUMMER WEGKUSCHELN

Sie könnten Ihren Sohn auch sofort in die Arme schließen und ihm gut zureden: »Morgen ist alles wieder gut. Jeder hat mal einen schlechten Tag. Ich verstehe das.« Schließlich wissen wir alle aus eigener Erfahrung, dass Schule manchmal doof ist. Und wir gehen auch nicht immer gut gelaunt zur Arbeit.

Es tut gut, geknuddelt und bemitleidet zu werden. Wenn Sie so reagieren, fühlt sich Ihr Kind sicher ganz schnell geborgen. Aber fühlt es sich auch verstanden?

Wir trösten unsere Kinder manchmal auch, weil wir ihren Kummer schnell »wegmachen« wollen: Wir ertragen ihn selbst nicht. Trösten wird dann zum Selbstschutz vor unangenehmen Gefühlen. Wir glauben oft, unseren Nachwuchs zu verstehen, ohne ihm überhaupt richtig zugehört zu haben. Manchmal liegen wir mit unseren Interpretationen haarscharf daneben, weil wir eigene Fantasien mit den Gefühlen des Kindes vermischen: Ihr Sohn hat vielleicht nicht einfach nur einen schlechten Tag, sondern ein echtes Problem, über das er bisher mit niemandem reden konnte.

- Wenn Sie auch zur Trösterinnen-Fraktion gehören, sind Sie von Ihrer Konstitution vielleicht eher eine Kuschel-Mama, die große Konflikte lieber meidet.

VIERTE REAKTIONSMÖGLICHKEIT: ANALYSIEREN UND RATSCHLÄGE ERTEILEN

Sie könnten auch rationaler an die Sache herangehen: »Was ist denn passiert?«, wäre dann die entscheidende Frage. Dann könnte Ihr Sohn reden: Er wird seit Tagen auf dem Pausenhof von anderen Jungs geärgert. Anfangs dachte er, dass sich das wieder legen würde, wenn er sie nur hartnäckig ignorierte. Heute hat er aber gemerkt, dass diese Rechnung nicht aufgeht und die Hänseleien immer stärker werden. Nun weiß er nicht mehr, was er machen soll.

Nun ist es endlich raus, der Junge konnte von seinen frustrierenden Erlebnissen berichten und fühlt sich sicherlich schon mal unglaublich erleichtert. Das ist toll.

Die meisten Eltern werden jetzt rasch empört und solidarisch reagieren. Besonders Animations-Eltern, die einen leichten Hang zur Idealisierung ihres Kindes haben, würden ihm niemals zutrauen, selbst zu der schwierigen Situation beigetragen zu haben. »Mein Kind tut so etwas nicht!«, lautet das manchmal unreflektierte Credo vieler Mamas und Papas. Die Skeptiker unter den Chef-Eltern hingegen würden ihrem Sohn sofort eine Mitschuld unterstellen: »Ohne Grund ärgern die dich doch nicht. Gib schon zu, dass du angefangen hast!«

Schlauberger-Eltern hätten jetzt gleich eine Reihe guter Tipps auf Lager, wie ihr Sohn sich zur Wehr setzen könnte: »Denen musst du mal ordentlich die Meinung sagen«, könnte ein solcher Tipp dann lauten. Chef-Eltern rufen gleich am nächsten Tag die Klassenlehrerin an, damit sie Florian gefälligst schnell aus der Klemme hilft.

Diese Reaktionsweise entlastet das Kind kurzfristig und gibt ihm das Gefühl, nicht alleine dazustehen. Andererseits entscheiden die Eltern ja über seinen Kopf hinweg und geben Lösungsstrategien vor, die ihm vielleicht unangenehm sind oder seinen Bedürfnissen nicht so recht entsprechen.

- Wenn Sie dazu neigen, allzu voreilig Ratschläge zu erteilen, gehören Sie wohl zur Schlauberger-Fraktion oder zur Chef-Eltern-Abteilung. Natürlich haben Sie mehr Erfahrung und sicher gute Ideen, aber lassen Sie Ihr Kind doch auch mal eigene Strategien entwickeln. Sie werden staunen, auf welch pfiffige Ideen Ihr Kind so kommt, wenn man nur bereit ist, sie sich anzuhören!

FÜNFTE REAKTIONSMÖGLICHKEIT: HELFEN, SICH SELBST ZU HELFEN

Sie könnten Ihrem Sohn aber auch helfen, sein Problem selbst zu lösen, indem Sie ihn nach seinen Erlebnissen und Gefühlen fragen, aber keine Ratschläge erteilen. Und ihn eigene Ideen entwickeln lassen, wie er das Problem anpacken könnte: »Was könntest du tun, damit du dich wieder besser fühlst?«

So vermitteln Sie Ihrem Kind das Gefühl, selbst

etwas an der blöden Situation ändern zu können. Ihr Sohn könnte sich gedanklich aus der Rolle des Opfers befreien und müsste sich nicht mehr so hilflos fühlen. Der von dem Jungen gewählte Lösungsansatz muss dann respektiert werden, und zwar auch, wenn Sie von dessen Zweckmäßigkeit nicht sonderlich überzeugt sind (»Ich gehe einfach in der Pause woandershin«).

Im Verlauf der nächsten Tage fragen Sie dann nach, ob sich die Lösungsstrategie bewährt hat. Wenn ja, dann hat Ihr Sohn es geschafft, sich der Gängelei zu entziehen. Ansonsten geht es in die zweite Runde, und er entwickelt nun mit Ihrer Hilfe weitere Ideen, was er tun kann.

Prima! Wenn Sie – zumindest gelegentlich – so reagieren, sind Sie eine waschechte Coach-Mama!

Dispositionen: Wofür Coach-Eltern manchmal anfällig sind

Nachdem wir nun gesehen haben, welche Erziehungsqualitäten Coach-Eltern besonders auszeichnen, stelle ich Ihnen jetzt fünf Erziehungsfallen vor, in die Sie aufgrund Ihrer Konstitution relativ schnell hineintappen könnten:

FALLE I
FÖRDERWAHN – WENN COACH-ELTERN ES ZU GUT MEINEN

Coach-Eltern sind fürsorgliche und engagierte Eltern, die ihr Kind so gut wie möglich fördern wollen. Natürlich ist dieses Unterfangen nicht ganz selbstlos. Ein begabtes und erfolgreiches Kind spiegelt Papi und Mami ja auch, was für tolle Typen sie sind. Eltern sind nie ganz frei von Eitelkeiten, und das gut geförderte Kind ist eben doch ein Prestigeprojekt der besonderen Güte. Insofern laufen Coach-Eltern Gefahr, es mit dem gut gemeinten Förderprogramm gelegentlich zu übertreiben.

Eine Mutter berichtete mir kürzlich lachend: »Meine kleine Julia tanzte kürzlich ganz selbstvergessen im Wohnzimmer zu einem Song von Amy Winehouse. Das hat so anmutig ausgesehen, dass ich gleich überlegt habe, sie zu einem Tanzkurs anzumelden. So ein Quatsch! Jetzt bin ich auch schon dem Förderwahn verfallen! Zum Glück hab ich es noch gemerkt, bevor ich das Telefonbuch aus der Kommode kramen konnte.«

WAS HILFT?

Wenn Sie fürchten, unter dem aktuell grassierenden Förderwahn zu leiden, wirkt eine ordentliche Dosis elterliche Zurückhaltung wahre Wunder: Nicht jede gute Klavierschülerin ist ein potenzielles Musikgenie, und kaum ein kleiner Hobby-Kicker will einmal Leistungssportler werden. Hier gilt: Weniger ist mehr. Schrauben Sie Ihre Ansprüche zurück. Ihr Kind wird seinen Weg auch dann finden, wenn es nicht Klavier spielen will, Fußball doof findet und keinerlei Motivation zeigt, Chinesisch zu lernen.

FALLE 2
KONTROLLITIS – WENN COACH-ELTERN ZU SEHR BEOBACHTEN

Das Kind ist – wie wir gesehen haben – bei den Coach-Eltern in den Mittelpunkt der Aufmerksamkeit gerückt. Seine Interessen, sein Wesen und sein Charakter stehen im Zentrum ihrer umfangreichen erzieherischen Bemühungen. Dazu müssen die Eltern das Kind »lesen«, wie es der Kinderarzt Remo Largo nennt, und den Kindern dann altersgemäße Erfahrungen ermöglichen.

Das wissen Coach-Eltern. Sie gehen davon aus, dass

das Kind sich gut entwickeln und frei entfalten kann, wenn sie selbst nur alles richtig machen. Und das heißt: Sie müssen immer wissen, was das Kind für den nächsten Schritt in ein erfolgreiches Leben gerade benötigt.

Das kann Coach-Eltern zuweilen ziemlich unter Druck setzen. Sie leiden gelegentlich unter dem hohen Anspruch, alles »richtig« machen zu müssen. So neigen sie manchmal dazu, ihre Fähigkeit, das Kind richtig zu verstehen, in Frage zu stellen: Kann ich mich auf meine Intuition verlassen? Was, wenn ich etwas Gravierendes übersehe? Füge ich meinem Kind dann einen nie mehr revidierbaren Schaden zu?

Doch wem das Vertrauen in sich selbst fehlt, der beginnt, das Kind ängstlich zu beäugen. Das Kind »zu lesen« wird hinfort zur Rundumbeschäftigung – bis es mindestens zwanzig Jahre alt ist. Jedes noch so kleine Problem wird beobachtet, analysiert, interpretiert und dann familienintern, auf dem Spielplatz oder in Mütterforen ausdiskutiert. Und jede noch so kleine Abweichung von der Norm wird nicht mehr als liebenswerte Eigenart, sondern als Defizit mit latentem Krankheitswert interpretiert. Und vom Logopäden oder der Ergotherapeutin gleich wegtherapiert.

Doch permanent kritisch zu beobachten ist für Mütter und Väter anstrengend; und kritisch beobachtet zu werden, ist unangenehm für das Kind. Je älter die Kinder werden, desto stärker werden sie sich dieser überfürsorglichen Dauerbeobachtung entziehen, zum Beispiel in die weiten virtuellen Welten des Internets.

WAS HILFT?

Die Behandlung der Kontrollitis ist ebenso einfach wie effektiv: Verordnen Sie sich ab sofort eine große Portion Gelassenheit! Lassen Sie sich nicht aus dem Takt bringen, wenn ein Experte anderer Ansicht ist als Sie! Lesen Sie weniger Erziehungsratgeber und verlassen Sie sich mehr auf Ihr Gefühl. Vertrauen Sie sich und Ihrem Kind. Vielleicht schauen Sie sich einfach mal ein paar Strategien der Bullerbü-Eltern ab. Oder Sie beantworten sich ganz in Ruhe selbst einmal folgende Fragen:

- Sind Sie manchmal versucht, in dem Tagebuch Ihrer Tochter zu blättern oder den PC Ihres Sohnes zu durchforsten? Was fürchten Sie dort zu finden?
- Welche Erfahrungen haben Sie in Ihrem Leben mit Vertrauen gemacht?
- Was ist Ihre größte Angst, was Ihrem Kind passieren könnte? Ist diese Angst realistisch oder eher von eigenen Erlebnissen geprägt?

FALLE 3
VERWIRRUNGSZUSTÄNDE – WENN COACH-ELTERN IHRE KINDER ZU SEHR BRAUCHEN

Der Coaching-Erziehungsansatz verführt manche Eltern dazu, sich selbst allzu diskret im Hintergrund zu halten oder die verantwortungsvolle Rolle als Erziehende sogar komplett aufzugeben. Das kann dazu führen, dass man aus lauter vermeintlicher Rücksichtnahme auf die zarte Seele des Kindes vermeidet, klare Ansagen zu machen.

Keine Stellung zu beziehen bedeutet jedoch, sich unangreifbar zu machen. Manche Eltern vertreten ihren Kindern gegenüber keine klare Position, weil sie fürchten, von ihnen abgelehnt zu werden.

Ein Beispiel: Die vierjährige Sarah liebt Schokobonbons mit Milchfüllung. Ihre Eltern haben sich darauf geeinigt, ihr jeden Tag nach dem Mittagessen eins zu geben. Als die Mutter nach einer kleinen Reise nach Hause kommt, hat sie Stress mit Sarah, weil diese nun mehrmals am Tag nach einem Schokobonbon verlangt und bei einem Nein wütend wird und laut herumschreit. In einem Beratungsgespräch kommt heraus, dass der Vater Sarah während der Abwesenheit der Mutter öfter Schokobonbons gegeben hat als vereinbart war. Er habe ihr diese Bitte nicht abschlagen können, da sie ihn immer so niedlich angesehen habe. Die Mutter wirft dem Vater vor, er habe sich bei Sarah mit den Bonbons beliebt machen wollen. Ja, sagt er nach einer Weile nachdenklich, das stimme schon, er wolle so gerne Sarahs fröhliches Gesicht sehen und das Gefühl bekommen, sie habe ihn dann lieb und er sei ein guter Vater.

WAS HILFT?

Machen Sie sich klar, dass Ihr Kind Ihre Entscheidung dringend zur Orientierung braucht. Mit klaren Aussagen über die eigene Unklarheit können Kinder übrigens sehr gut umgehen. Sätze wie: »Darüber muss ich noch mal nachdenken« sind insofern hilfreich, als Sie damit Zeit gewinnen und dem Kind ermöglichen, an Ihren Überlegungen teilzuhaben.

Wenn das Kind nach einem Nein doch wütend reagiert, müssen Sie das als Erwachsener ertragen. Vielleicht fällt Ihnen das leichter, wenn Sie sich verdeutlichen, dass das Kind sich nur über Ihre Entscheidung ärgert, aber auf keinen Fall Sie als Mutter oder Vater ablehnt! Und überhaupt: Darf Ihr Kind Sie nicht auch einfach mal »blöd« finden?

Ultimativer Lesetipp für Eltern und Partner, die nicht Nein sagen können: *Nein aus Liebe* von Jesper Juul.

FALLE 4
MACHTUMKEHR – WENN DREIJÄHRIGE ZUM BESTIMMER WERDEN

Wichtigstes Ziel von Coach-Eltern ist, Kinder zu selbstständigen und verantwortungsvollen Erwachsenen zu erziehen. Die Vorstellung, das Kind habe auf diesem Weg ausschließlich zu gehorchen, ist für sie inakzeptabel. Vielmehr sehen Coach-Eltern ihren Sprössling als gleichwertiges Wesen, das sehr früh ein Wörtchen mitzureden hat. Es darf einen eigenen Willen haben, äußern und mitunter auch durchsetzen.

So weit, so gut. Aber manche Coach-Eltern machen aus der Mitsprachemöglichkeit des Kindes ein immerwährendes und exklusives Bestimmungsrecht. Sie trauen sich kaum noch, ihre eigenen Bedürfnisse und Wünsche zu äußern, geschweige denn ihren eigenen Willen gegen die momentane Laune des Kindes durchzusetzen. Immer häufiger kann man daher solche Szenen beobachten:

Eine Dreijährige sagt im Bus energisch zu ihrer Mutter: »Geh weg, da will ich sitzen«. Die Mutter rutscht schnurstracks auf den Nebenplatz.

Ein Vater fragt seine siebenjährige Tochter, ob es »okay« sei, dass es heute Spaghetti mit Tomatensoße gäbe. »Nee«, sagt diese, »ich will heute Hotdogs!« – »Na gut«, seufzt der Vater, »dann mach ich eben Hotdogs.«

Ein vierjähriges Mädchen kommt mit Lack-Sandalen in den Kindergarten, die für den geplanten Herbstausflug einigermaßen ungeeignet sind. Die Erzieherin spricht die Mutter darauf an und bekommt zur Antwort: »Sie wollte eben unbedingt diese Schuhe anziehen, was soll ich da machen? Ich kann sie doch nicht zwingen, gegen ihren Willen Gummistiefel zu tragen!«

WAS HILFT?

Neigen auch Sie gelegentlich dazu, Ihr Kind zum Boss werden zu lassen? Höchste Zeit, sich eine gute Portion gesunder Autorität und Klarheit zuzulegen. Von den Chef-Eltern könnten Sie sich hier sicher das ein oder andere abgucken. Oder Sie beantworten sich bei Gelegenheit einmal selbstkritisch folgende Fragen:

- Wann haben Sie das letzte Mal etwas für Ihr Kind erledigt, was es hätte selbst erledigen können?
- Hängen Sie nach jeder Anweisung ein »... okay?« an in der Hoffnung, Ihr Kind möge mit der Anweisung auch einverstanden sein? Warum sollte es damit einverstanden sein?
- Fragen Sie Ihr Kind vor dem Kochen, was es essen möchte? Warum eigentlich?
- In welchen Situationen fällt es Ihnen schwer, sich bei Ihrem Kind freundlich durchzusetzen? Und in welchen Situationen fällt es Ihnen ganz leicht?

FALLE 5
STETS ZU DIENSTEN? WENN COACH-MAMAS SICH IN DIE ERSCHÖPFUNG TREIBEN

Viele Coach-Mamas neigen dazu, sich selbst zum 24-Stunden-Dienstleistungsbetrieb für die lieben Kleinen zu erklären. Indem sie den Kindern die komplette Hoheit über ihre Zeit überlassen und dabei selbst permanent zu kurz kommen, laufen sie Gefahr, an chronischen Erschöpfungszuständen zu leiden. Töchterchen zum Flötenunterricht oder zum Jazz-Dance zu kutschieren und Söhnchen bei jedem noch so unwichtigen Fußballspiel lautstark anzufeuern gehört bei vielen Coaching-Eltern zum Standardprogramm. Denn Familienstress und einen vollen Kinder-Terminkalender zu verwalten, gilt ja mittlerweile eher als cool denn als lästig.

Übrigens: Kinder rundum zu versorgen und zu managen ist eine wunderbare, auch sozial akzeptierte Möglichkeit, sich selbst und den eigenen Problemen konsequent aus dem Weg zu gehen. Psychologen diagnostizieren hier besonders bei Super-Müttern manchmal eine sogenannte »agitierte Depression«, – eine Form der Depression also, die sich hinter dem alltäglichen Aktionismus versteckt.

WAS HILFT?

Lassen Sie öfter mal einen Kindertermin ausfallen und genießen Sie die frei gewordene Zeit. Lümmeln Sie mal wieder ordentlich auf dem Sofa herum, lernen Sie wieder zu faulenzen, lesen Sie tagsüber ein gutes Buch, konzentrieren Sie sich mehr auf Ihre eigenen Interessen als auf das bunte Leben der Kinder.

Verwirklichen Sie endlich mal die Wünsche, die Sie schon so lange verschoben haben: Planen Sie endlich mal wieder ein gemütliches Wochenende in trauter Zweisamkeit, den Besuch bei der Schulfreundin in einer anderen Stadt oder singen Sie ab sofort in einem Chor: Wenn nicht jetzt, wann dann?

Coach-Eltern sind wunderbar ....
... wenn sie sich selbst nicht vergessen!

Wie wir gesehen haben, verfügen Coach-Eltern über sehr gute Erziehungskompetenzen. Sie nehmen ihre Kinder ernst und fördern sie in vielerlei Hinsicht. Tochter und Sohn ganz bewusst zu helfen, Probleme und Aufgaben selbstständig zu lösen, ist ihnen dabei ein besonderes Anliegen.

Leider nehmen Coach-Eltern die Bedürfnisse der Kinder oft wichtiger als ihre eigenen, besonders die engagierten Coach-Mamas. Und sie neigen gelegentlich dazu, es mit der gut gemeinten Förderung zu übertreiben.

Hochwirksames Allheilmittel gegen dieses unter Coach-Eltern weitverbreitete Erziehungs-Zipperlein: Sich täglich eine große Portion Gelassenheit, eine gesunde Dosis Egoismus, ein Quäntchen Vertrauen und eine Prise Humor verschreiben. Tun Sie sich oft etwas Gutes und konzentrieren Sie sich wieder mehr auf Ihre eigenen Bedürfnisse. Trauen Sie sich ruhig, Ihre eigenen Wünsche auch mal wichtiger zu nehmen als die Ihres Kindes. Pflegen Sie bewusst Ihre Partnerschaft und sorgen Sie dafür, dass Sie selbst zufrieden sind. Dann geben Sie Ihrem Kind garantiert alles, was es braucht, ohne sich selbst aus den Augen zu verlieren.

Vom Mut, zu sich selbst zu stehen

Vielleicht haben Sie nach der Lektüre dieser kleinen Eltern-Typologie eine etwas konkretere Vorstellung davon bekommen, welche Werte und Vorstellungen Ihr alltägliches Erziehungsverhalten am stärksten prägen. Vielleicht haben Sie festgestellt, dass Sie eine starke Tendenz zu einer besonderen Spezies Eltern haben, etwa über sehr gute Coaching-Kompetenzen verfügen oder eine ausgereifte Selbsterfahrungs-Mama sind. Es kann natürlich genauso gut sein, dass Sie sich in mehreren Kategorien wiederfinden, ebenso Chef-Anteile haben wie über Animations-Fähigkeiten und einen hohen Kuschel-Faktor verfügen. Das eine ist weder schlechter noch besser als das andere: Es ist einfach so. Nehmen Sie es zur Kenntnis und freuen Sie sich über Ihre Stärken und Ihre Vielseitigkeit. Solange sich die jeweiligen typischen Erziehungsziele nicht widersprechen, ist eine breite Fächerung eher eine Bereicherung denn eine Schwierigkeit.

Wie wir gesehen haben, haben alle dargestellten Erziehungsstile Vor- und Nachteile, Stärken und Tücken. Im Grunde ist es also gleichgültig, welche Erziehungsstrategie Sie wählen: Wenn es Ihnen und Ihren Kindern gut dabei geht, Sie das Gefühl haben, mit sich im Reinen zu sein und die für Sie wichtigen Werte zu vermitteln, dann machen Sie wirklich alles bestens.

Zwischen Erziehungsideal und Familienrealität: Erkennen, was wirklich ist

Vielleicht fühlen Sie sich also nach der Lektüre gestärkt und bestätigt. Das würde mich sehr freuen. Es kann allerdings auch sein, dass Sie sich selbst ursprünglich ganz anders eingeschätzt hatten und nun verwirrt sind:

»Eigentlich dachte ich, ich sei eine echt entspannte Bullerbü-Mutter, ich entdecke aber plötzlich auch Aspekte des Animations-Eltern-Typs in meinem Verhalten.« Oder: »Huch, ich bin ja eine Chef-Mutter und dachte doch immer, das machen alle so und das wäre ganz normal!« Tja, ich sagte es bereits in der Einleitung: Mit Überraschungen muss man bei der intensiven Beschäftigung mit sich selbst immer rechnen. Und das ist auch gut so, denn so können Reifungsprozesse in Gang kommen.

Je mehr wir uns mit uns selbst auseinandersetzen, desto mehr Facetten unserer Persönlichkeit werden wir kennenlernen. Solche, die wir als angenehm empfinden und deren Entdeckung uns freuen wird, und andere, die wir gar nicht gerne sehen werden, da wir sie für nicht besonders liebenswerte Eigenschaften oder Angewohnheiten halten. Dennoch gehören sie zu unserer Persönlichkeit. Also: Haben Sie Mut, nicht vollkommen zu sein. Und haben Sie Mut, Sie selbst zu sein. Denn dann können Sie Ihren Kindern authentisch und aufrichtig gegenübertreten, ganz gleich, welchem Eltern-Typ Sie sich zugeordnet haben.

Ein weiteres überraschendes Ergebnis der Lektüre kann auch sein, dass man eigentlich mit einem bestimmten Idealbild liebäugelt, also einen bestimmten Eltern-Typ favorisiert, dann aber rasch merkt, dass man diesem wenig entspricht. Diese Erkenntnis kann zunächst ernüchternd sein, sie ist aber trotzdem auf Dauer hilfreich. Denn erstens kann man sich nun realistischer einschätzen; zweitens kann man darüber nachsinnen, warum man dieses Idealbild überhaupt entwickelt hat; und drittens kann man sich damit anfreunden, dass man eben andere Qualitäten aufweist als die imaginierte Wunschbild-Mama des Lieblings-

Eltern-Typs. Wir können an uns arbeiten, uns reflektieren; wir können unsere Haltung modifizieren und unser Verhalten verändern, aber wir sollten uns bei der Erziehung unserer Kinder auch nicht verbiegen, nur weil wir irgendeinem Ideal hinterherrennen, das wir nicht erreichen können. Ideale sind ohnehin nur als Orientierungshilfen geeignet, nicht als tatsächlich erreichbare Ziele. Nehmen wir sie uns zu sehr zu Herzen, kann unsere Seele durch die permanente Selbstüberforderung Schaden nehmen. Lieber die Ansprüche etwas herunterschrauben, als dauernd ein schlechtes Gewissen haben oder sich minderwertig fühlen!

Vielleicht haben Sie auch einige klassische Erziehungsfallen entdeckt, in die Sie schon einmal getappt sind. Auch das ist natürlich völlig normal und im Grunde wenig beunruhigend. Sollten Sie allerdings den Wunsch verspüren, etwas an Ihrem Erziehungsverhalten verändern zu wollen, bedenken Sie aber bitte, dass alle einigermaßen tiefgreifenden Veränderungsprozesse viel Zeit brauchen. Auch wenn die zusammengeschnittenen Sequenzen der »Super-Nanny« etwas anderes suggerieren: Erwarten Sie nicht, dass Sie sich und Ihr Familienleben innerhalb weniger Tage radikal ummodeln können und ab sofort alles ganz anders läuft. Geben Sie sich Zeit, wenn Sie an sich arbeiten möchten. Gehen Sie kleine Schritte. Haben Sie Geduld, wenn es zu den unvermeidlichen »Rückfällen« kommt. Und machen Sie sich zwischendurch immer wieder klar, was Sie alles schon geleistet haben und was in der Familie gut läuft. Besinnen Sie sich auf Ihre Stärken: Worin bin ich eine wahre Meisterin?

Dafür kann der folgende Test ganz nützlich sein:

	Stimmt nicht	Stimmt manch-mal	Stimmt oft	Stimmt meis-tens	Stimmt (fast) immer
1. Ich bin für mein Kind da, wenn es traurig ist					
2. Ich kann den Famili-enalltag gut struktu-rieren					
3. Ich sage es meinem Kind, wenn ich schlechte Laune habe, ohne zu erwarten, dass es mich aufmun-tert					
4. Ich kann im Haushalt gut Aufgaben abgeben und Hilfe annehmen					
5. Ich kann meinem Kind geduldig zuhören					
6. Ich kann klare Regeln vorgeben und so für Sicherheit sorgen					
7. Ich bleibe ruhig, wenn mein Kind wütend wird					
8. Ich bin zwar konse-quent, aber auch zu Kompromissen bereit					
9. Wenn ich ungerecht war, gebe ich das nachher zu und bitte mein Kind um Ent-schuldigung					
10. Ich kümmere mich gut um mich selbst und schätze meine Leis-tungen					
11. Ich ermögliche mei-nem Kind, seinen Interessen nach-zugehen					

	Stimmt nicht	Stimmt manchmal	Stimmt oft	Stimmt meistens	Stimmt (fast) immer
12. Ich kann auch gut Nein sagen					
13. Ich gehe auf das Kuschelbedürfnis meines Kindes ein					
14. Ich kann es gut aushalten, wenn mein Kind mal nicht zu den Besten gehört					
15. Ich beschäftige mich gerne mit meinem Kind					
16. Ich freue mich, wenn mein Kind mir etwas erzählt, es darf aber auch Geheimnisse haben					
17. Bevor ich meinem Kind Vorwürfe mache, frage ich nach den Gründen für sein Verhalten					
18. Ich übernehme die Verantwortung für meine Gefühle und schiebe meinem Kind nicht die Schuld daran zu					
19. Ich habe mit meinem Kind viel Spaß					
20. Ich kann auch die Zeit ohne Kind genießen und habe kein schlechtes Gewissen dabei					

Wenn Sie mutig sind und wissen wollen, wie andere Sie in Ihrer Rolle als Mutter/Vater sehen, bitten Sie Ihren Partner oder eine Freundin doch gelegentlich darum, Sie mithilfe dieser Tabelle einzuschätzen. Das kann sehr bereichernd sein, denn andere haben einen anderen Blick und kommen oft zu anderen Ergebnissen als man selbst. Man kann darüber einerseits wunderbar ins Gespräch kommen und gleichzeitig die eigenen Fähigkeiten realistischer einschätzen.

Sie könnten sich auch einmal in die Position Ihres Kindes hineinversetzen. Was würde Ihr Kind in der unten stehenden Tabelle ankreuzen?

Seien Sie dabei möglichst ehrlich. Unterscheiden Sie streng zwischen Ihren Wunschvorstellungen, also dem, was Sie am liebsten ankreuzen würden, und dem, was Ihr Kind Ihrer Ansicht nach tatsächlich fühlt.

Was würde Ihr Kind sagen?

	Stimmt nicht	Stimmt manchmal	Stimmt oft	Stimmt meistens	Stimmt (fast) immer
1. Meine Mama/mein Papa hat mich lieb. Auch wenn ich mal nicht »lieb« bin					
2. Meine Mama/mein Papa ist zuverlässig. Was sie/er sagt, hält er/sie auch					
3. Meine Mama/mein Papa ist für mich da, wenn ich traurig oder sauer bin					
4. Meine Mama/mein Papa freut sich, wenn ich zu Hause bin bzw. nach Hause komme					

	Stimmt nicht	Stimmt manch-mal	Stimmt oft	Stimmt meis-tens	Stimmt (fast) immer
5. Ich weiß genau, was erlaubt und was verboten ist, weil meine Mama/mein Papa mir das deutlich sagt					
6. Ich kann meiner Mama/meinem Papa erzählen, wenn ich etwas ausgefressen habe, ohne Angst haben zu müssen					
7. Meine Mama/mein Papa findet es nicht schlimm, wenn ich mal wütend bin					
8. Meine Mama/mein Papa macht mir keine Vorwürfe					
9. Meine Mama/mein Papa ist aufrichtig zu mir					
10. Meine Mama/mein Papa sagt mir, was sie/er von mir erwartet, so dass ich es verstehe					
11. Ich vertraue meiner Mama/meinem Papa. Wenn ich ein Problem habe, kann ich es ihr/ihm erzählen					
12. Meine Mama/mein Papa freut sich, dass ich so bin, wie ich bin					
13. Meine Mama/mein Papa kann es gut aushalten, wenn ich mal eine Niederlage einstecken muss					

	Stimmt nicht	Stimmt manch-mal	Stimmt oft	Stimmt meis-tens	Stimmt (fast) immer
14. Meine Mama/mein Papa erklärt mir, was ich nicht verstehe					
15. Meine Mama/mein Papa ist gerecht und fair zu mir					

Versuchen Sie auch hier, zu einer möglichst ehrlichen Einschätzung zu gelangen.

Oder fragen Sie doch einfach mal Ihre Kinder, wenn Sie schon etwas größer sind. Diese haben in der Regel einen natürlichen Hang zur Ehrlichkeit – vorausgesetzt, man ist auch wirklich bereit, ihre Meinung zu hören.

Hilfe, mein Partner erzieht ganz anders! Wie viel Einigkeit muss sein?

Vielleicht haben Sie bei der Lektüre angefangen zu vergleichen: Sie halten sich selbst eher für eine Kuschel-Mama, aber Ihren Mann für einen typischen Chef-Papa, oder umgekehrt. Nun fragen Sie sich vielleicht: Kann das gut gehen? Verwirren wir das Kind? Müssen wir uns in der Erziehung nicht immer einig sein?

Nein, müssen Sie nicht. Das geht nicht. Schon gar nicht, wenn man wirklich unterschiedliche Erziehungsstile favorisiert.

In allen Partnerschaften gibt es immer mal wieder Meinungsverschiedenheiten darüber, wie man die Kinder nun am besten erzieht. Soll man das Baby im Elternbett schlafen lassen? Darf das Kleinkind schon fernsehen? Muss das Schulkind die Hausaufgaben vorzeigen? Wie lange darf der Teenie abends wegbleiben? All diese Fragen müssen täglich zwischen Terminen, Arbeit,

Essen kochen und Wäsche falten geklärt werden. Was also tun, wenn der eine Konflikte lieber auf der Sachebene löst, der andere lieber auf der emotionalen? Wenn ein Elternteil mit ausgeprägter Bullerbü-Mentalität sein Kind stundenlang im Matsch spielen lassen will, der andere meint, das Kind müsse doch nun mal langsam anfangen, ein Instrument zu lernen?

Auch wenn es schön wäre: Es ist wohl eine eher unrealistische Vorstellung, dass Eltern sich in allen Belangen der Kindererziehung einig sind. (Es sei denn, einer von beiden hat keine Meinung oder äußert sie zumindest nicht, dann wäre die Einigkeit allerdings auch nur eine vermeintliche.)

Aber: Kinder können das in der Regel gut aushalten. Sie stellen sich darauf ein, wenn Mama eher der Bullerbü-Typ ist und Papa ein echter Chef-Kerl. Oder umgekehrt. Sie nehmen die Eltern ja nicht als Einheit, sondern durchaus als Individuen wahr.

Wichtig ist bei der Klärung strittiger Erziehungsfragen eher, wie die Erwachsenen damit umgehen. Falls Sie in Ihrer Partnerschaft häufig uneins hinsichtlich der Kindererziehung sind, dann überlegen Sie doch einmal folgende Punkte:

- Versuchen Sie tatsächlich, gemeinsam zu einer Einigung zu gelangen?
- Respektieren Sie gegenseitig Ihre Ansichten?
- Finden Sie meistens einen Kompromiss, mit dem Sie beide zufrieden sind?
- Können Sie sich darüber auch vor den Kindern austauschen, ohne sich gegenseitig Vorwürfe zu machen oder sich anzuschreien?

Wenn Sie alle Fragen mit Ja beantworten konnten, sind

Sie ein Paar mit hoher Konfliktlösungskompetenz. Ganz gleich, welche Eltern-Typ-Konstellation Sie beide bilden, Ihre Kinder sind wahre Glückspilze, denn sie können live vor Ort miterleben, wie man konstruktiv miteinander streitet!

Konnten Sie hingegen die Fragen nicht mit Ja beantworten, sollten Sie einen tieferen Blick in Ihre Paarbeziehung wagen:

- Geht es bei den Streitereien in Erziehungsfragen oft darum, dass sich einer bzw. jeder gegen den anderen durchsetzen möchte? Dann könnte es sich um einen versteckten Machtkampf handeln, der auf der Paarebene geklärt werden müsste.
- Könnte es sein, dass ein älterer Beziehungskonflikt hinter den Streitigkeiten steckt? Etwa die Unzufriedenheit eines Partners in der Partnerschaft?
- Könnte eventuell Eifersucht eine Rolle spielen? Hat ein Partner das Gefühl, zu kurz zu kommen?

Wenn Sie das Gefühl beschleicht, dass Ihre Auseinandersetzungen weniger mit der Erziehung und noch weniger mit dem Kind zu tun haben, dann schieben Sie das Problem von der Elternebene auf die Paarebene. Denn dort gehört es hin. Es ist nicht schön, wenn Kinder zum Spielball der elterlichen Paarprobleme werden, wenngleich es auch nichts Ungewöhnliches ist. Versuchen Sie, diese beiden Ebenen zu trennen. Verabreden Sie sich zu einer ruhigen Stunde, in der Sie sich mit Ihrer Beziehung auseinandersetzen können. Es liegt auf der Hand, dass Sie damit sich selbst, Ihrer Beziehung, aber auch den Kindern etwas Gutes tun.

Zum Weiterlesen: Literaturhinweise

ALDORT, NAOMI, Von der Erziehung zur Einfühlung. Wie Eltern und Kinder gemeinsam wachsen können. Arbor Verlag, Freiamt 2009

GORDON, THOMAS, Familienkonferenz. Die Lösung von Konflikten zwischen Eltern und Kind. Hoffmann & Campe Verlag, München, 22. Auflage 1970

HONKANEN-SCHOBERTH, PAULA, Starke Kinder brauchen starke Eltern. Urania Verlag, Stuttgart, o. J.

JUUL, JESPER, Aus Erziehung wird Beziehung. Authentische Eltern – kompetente Kinder. Herder Verlag, Freiburg 2005

Ders., Nein aus Liebe. Klare Eltern – starke Kinder. Kösel Verlag, München 2008

KABAT-ZINN, MYLA & JON, Mit Kindern wachsen. Die Praxis der Achtsamkeit in der Familie. Arbor Verlag, Freiamt 1997

KISTER, CORNELIE, Sehnsucht nach Bullerbü. Gebt euren Kindern die Kindheit zurück. Thiele Verlag, München 2008

KÖLLER, ISABELL, Bullerbü ist überall. Das Geheimnis von Kinderglück und stressfreiem Familienleben. Campus Verlag, Frankfurt am Main 2008

LARGO, REMO H., Kinderjahre. Die Individualität des Kindes als erzieherische Herausforderung. Piper Verlag, München, 4. Auflage 2001

PURVES, LIBBY, Die Kunst (k)eine perfekte Mutter zu sein. Kabel Verlag, Hamburg 198.

ROTTHAUS, WILHELM, Wozu erziehen? Entwurf einer systemischen Erziehung. Carl-Auer-Systeme Verlag, Heidelberg, 4. Auflage 2002

THOMPSON, CAROLINE, Die Tyrannei der Liebe. Perfekte Erziehung und die Ambivalenz unserer Gefühle. Antje-Kunstmann Verlag, München 2008

TILLMETZ, EVA; THEMESSL, PETER, Eltern werden – Partner bleiben. Ein Überlebenshandbuch für Paare mit Nachwuchs. Kösel Verlag, München 2004

WINTERHOFF, MICHAEL, Warum unsere Kinder Tyrannen werden Oder: Die Abschaffung der Kindheit. Gütersloher Verlagshaus, Gütersloh 2008

Ders., Tyrannen müssen nicht sein. Warum Erziehung allein nicht reicht – Auswege. Gütersloher Verlagshaus, Gütersloh 2009